50代から実る人、枯れる人

松尾一也

ディスカヴァー
携書
232

はじめに——50代にとって、社会は受難のシステムである

この本と出逢っていただき、ありがとうございます。
人生、「出逢いがすべて」と感じています。

この本を手に取ったあなたは、「理想の50代以降」を送りたいと願うと同時に、徐々に忍び寄る危機に漠然とした不安も抱えているのではないでしょうか。

確かに50代は、人生の最大の分水嶺《ぶんすいれい》ともいえ、舵取りが難しい年代です。50歳を過ぎる頃から潮流が激しくなるものです。

・責任ある大きな仕事を仕切る

・子供の教育の総仕上げ
・親の介護、看病、見送り
こういった大きなライフイベントが迫ってきます。身を任せたままだと遭難してしまいます。

また、55歳くらいになると、仕事面でもこれまでとは違った変化が現れます。
・役職定年を迎える
・別会社へ転籍になる
・給与が3～4割程度減らされる
・自分の部下が上司になる
こうして徐々に「助言とサポート」しか仕事がなくなるつらさに直面し、社内からもなにとはなしに「早く去ってもらいたい」という圧力を感じるようになってきます。

会社をたんに給料を得るところと割り切っている人は耐えられますが、生きがい・

働きがいを求めている人からすると、50代は受難の多い時期です。

そして、この受難の波は40代の人たちにも広がってきています。

40代でこの本を手に取られたあなたにとっても他人事ではありません。


体力も落ちてくる、経済的な不安も増してくる、人づきあいにも疲れてくる。

悩み、苦しみ、くすぶることは仕方ありませんが、自分の中の希望、可能性、そしてあらたな選択肢を手に入れる行動変容が求められるのが50代です。

それはつまり、あなたの中に「再起する力」があるか、ということでもあります。


私は26歳で教育事業を起業して、約34年間「人間育成」に取り組んできました。

私自身が本当に未熟者でしたが、コツコツと続けてきたことによって、お蔭様で「人材育成のエキスパート」と呼ばれるようになり、多くの現場やたくさんの人と出逢うことができました。

そんな今だからこそ、50代で実る人・枯れる人という顕著《けんちょ》な違いを感じています。

本書では〝実る人〟の特徴として、
「エリート、金持ち、有名」ではなく、「いい人間関係、元気、心の平安」の3つのポイントの実現を挙げています。
枯れかけていた人が、この3つのギフトを手に入れることで、見事に実るケースをたくさん見てきました。

50代は人生のマネジメント次第で、今まで育てた果実を手にできる一番愉快な黄金期です。

そして、そのためには、人生の思考、感情、言葉、行動を自分で整えていくことが大切なのです。

ご一緒に人生の収穫期を探求する旅に出ましょう！

松尾一也

50代から実る人、枯れる人◎目次

第1章◎現実を知る

第2章◎人間関係を整える

第3章◎心を整える

第5章◎仕事を整える

第6章◎生活を整える

第7章◎希望を整える

第1章◎現実を知る

01

今、どのステージにいるかを見つめ直す

▼枯れる人＝自分の人生に関心がない

その年齢でしか見えない風景があります。

5歳の頃に、繁華街の明かりを見てもなんの魅力も感じません。
いつも母親の背中を追いかけていました。
20歳の頃には遊びが最大の関心事でレジャー施設に目が奪われます。
30歳の頃には、自分の人生の伴侶《はんりょ》（パートナー）候補の異性に目がいっています。
40歳の頃には同世代の仕事ぶりや暮らしぶりが大いに気になります。

そして50歳。社会の風景とのピントが合いだして、やっと様々な実相が見えてくる

のです。

「なんと人生とはこのような仕組みだったのか……」

50歳で初めて世の中がクッキリ見えてきて、愕然《がくぜん》とするものです。

これは「悟る」ということではなく、「生活」に追われる日々の中で「人生」というものにようやく気づくという感覚です。

50歳になると習慣のギアが変わりだすことを否応《いやおう》なく思い知らされます。

「そんなに食べたつもりはないのに太りだす」
「お酒をたくさんは飲めなくなる」
「白髪が増えてくる、髪が薄くなる」
「通勤がしんどくなる」
「徹夜が出来なくなる」
「親の介護や見送る日を経験する」

また、手放すものもたくさんある一方で、手に入れるものもあります。

「仕事の経験や醍醐味」

「心のやすらぎ」

「家族や友人のありがたみ」

「食べ物や景色の深いあじわい」

「生きる意味」


そうしたなかで「自分」という生き物が実っているのか、それとも枯れつつあるのか、はっきりしてしまう年齢が50歳なのです。

今、自分が人生のどんなステージにいるのか、50歳を機に冷静に見つめ直すことが大切です。

02

苦悩を受け止める

▼枯れる人＝深い思索をしない

あるセミナーで〝人は生まれた瞬間、子宮に帰りたい願望がある（胎内回帰願望《たいないかいき》）〟と教わった時、「なるほど！」と快哉《かいさい》を叫ぶ思いがしました。

赤ん坊は母親の子宮の羊水《ようすい》に包まれてヌクヌクと過ごしていたはずなのに、急に狭い産道を通らされて、ホントに死ぬような思いでこの世に放りだされます。

そして、今度はいきなり肺呼吸を自らでしなくてはならず、いきなり苦難の連続となるわけです。

この時、赤ん坊の意識レベルでは当然のことながら、あの温かく安らかな子宮に帰りたい！　帰りたい！　帰りたい！　と感じていることでしょう。

なんとなく自分の中にもそのような願望があるような気がしました。

ある大きな病院の有名な臨床医《りんしょうい》から聞いた話では、患者の中で一度、危篤《きとく》状態から幸いにも命を吹き返して、死の淵から生還した人たちの7割近くが同じ体験をした記憶を語るといいます。

意識が遠のく中、お花畑のような明るい光景が見えてきて、多くの人の中で共通の感情が湧いてくる……。「あぁ、やっと帰れる」と。

こんな話を聞いていると、やっぱりこの世は苦悩に満ちあふれていて、人は本能的に強い帰巣《きそう》願望があるのだと感じます。

みんなホントは遠い記憶の平安の里に帰りたいのです。

人生における苦しみに無自覚にならず、いま自分が感じている潜在的な気持ちに気づいてあげるのも50代として必要なことです。

03

客観的に自分をいたわる

▼枯れる人＝干からびたままでいる

――ある日の50代のオジサンの場合――

朝の通勤電車の中では、仏頂面《ぶっちょうづら》した乗客に囲まれて、ちょっと肩が当たっただけでも「チッ」とか舌打ちをされます。

会社の会議では、常に数字、成果を求められて「不足」を糾弾《きゅうだん》され続けます。

自宅に帰れば、妻から「子供の塾代」「美容代」「トイレの修繕費《しゅうぜんひ》」……と連発して請求されます（日頃、立ち食いソバで節約して、欲しいスーツも我慢している身にもなって欲しいものです）。

テレビを見ていると、出演している老けたオジサンに（55歳）とテロップが出ていて、「なんと俺と同い年か！」とひっくり返ります。

寝る間際にネットニュースで政治家、公務員の背任・横領事件が目に飛び込んでは、「他人の金だと思って、コノヤロー！」と憤《いきどお》りたくなります。

こうして一日を切り取っただけでも50代のオジサンにはいろいろと疲弊することの連続です。

「生きるのだけで精一杯」という言葉がピッタリくるのが50代の隠さざる心境。

だからこそ、心がポキッ、ポキッと折れたときには、「よくがんばってるぞ、自分」「心が折れて当然だよ」と深呼吸し、はまり込んでいるつらい状況から客観的に視野を広げられるような慈愛のある言葉を自分にかけてあげましょう。

04 挫折免疫力をつける

▼枯れる人＝挫折への備えがない

人は大きく分けると、
・より成長したいと思う向上派
・そんな努力はムダと思う虚無《きょむ》派
がいます。

どちらのタイプも悩みとともに生きていますが、特に成功・成長を求めている人々こそ、理想と現実の大きなギャップのなかで葛藤《かっとう》に襲われます。

向上心がある人ほど、
「今日の自分は全然ダメ」「成長のあとがない」

と焦《あせ》り、つらいのです。

人は成功を求めて、日々頑張るわけですが、頑張っている人こそ、その成果が得られず徒労に終わる苦しみを感じます。

そして、「もうダメ！」「出来ない」となかなか言えないつらさを抱え、次の理想の景色を探し求めて、悩みもがく生き物なのです。

エリートできた人は自分の能力や成績が評価されない時点でショックを受けます。早くに管理職になった人は遅れてきた人に抜かされると大きく落ち込みます。役員やトップになった人はもう自分がお役御免になったと知った時には絶望感に襲われます。

50代は今までトントン拍子で来た人こそ直面する人生の断崖《だんがい》なのです。

「挫折免疫力」はありますか？

05 年相応の魅力を理解する

▼枯れる人＝イタイ若づくりに走る

気がつけば思春期からずっと求めてやまないことがあります。
それは男ならカッコよくて、女性にモテることです。
女性だっていつまでも若くてキレイでいたい願望があるのではないでしょうか。

この感情は老人になっても大切なことですが、残念ながら50歳くらいになると大きくモデルチェンジを強いられてしまうのです。

・顔のシャープな線が崩れてくる
・姿勢が悪くなり、体形が変わってくる
・動きが俊敏でなくなる

どれも自然の法則であらがいきれません。

・飲み屋で女性にモテようとしても、彼女の本音は「対象外」
・写真を撮るときに気取ってみても老けて写る
・性的エネルギーも落ちてくる

この「初老」の現実も受け止めていないと実に惨《みじ》めな気分を味わうことになります。

あの人気漫画「サザエさん」の磯野波平さんも設定では54歳だそうで、昭和のお父さんのイメージはあんな感じということです。

一度、この冷徹な現実を踏まえてから、相応の体づくりやモテる術を仕切り直す必要がある年頃なのです。

06

会社での強みが役立たないことを知る

▼枯れる人＝視野が狭い

人手不足が叫ばれるご時世でも、実際に50代以降で常に採用募集がある職種は、

・清掃（特にホールの皿洗い）
・警備（特に深夜）
・ドライバー（特に夜間）

と言われていますが、いずれも体力、気力が必要な仕事ばかりです。

「次の仕事を紹介してもらえませんか？」とたまに相談を受けます。

極力、お役に立てるよう丁寧に知恵をしぼってみますが、多くのケースがアカン勘違いをしています。

ひとつは「こんな役職をこなしてきました、こんな企画に関わっていました」と山ほど列記してあるケース。
もうひとつが「業務ソフト、汎用《はんよう》ソフトをかなり使いこなしています」という触れ込み。

自分が「強み」と思っていたスキルでは、ステップを上げる引き合いはほとんどないと考えた方がいいです。

以前に大企業の元経理部長が、「中小企業でもいいので財務部の責任者のあてはありませんか？」と相談にきました。
会計士、税理士の資格を持っていれば引きも強いでしょうが、50歳過ぎてから「経理に詳しいレベル」ではほとんど口はありません。

今までやり続けていた仕事の延長線上だけにしがみつくと道は断たれます。

第2章◎人間関係を整える

07 人生を幸せにするものに気づく

▼枯れる人＝人間関係から枯れていく

YouTubeで「TEDカンファレンス」の映像を見て、背筋が震えるほどの感動を覚えました。

「人生を幸せにするのは何？」……なんとシンプルに最も大切で重要なことを伝えているのだろう！　と。

一生を通して私達を健康で幸福にしてくれるのはなんでしょうか。
――最高の未来の自分のために投資するべきものとは？
――自分の時間とエネルギーを使うべきものとは？
――最も大切な人生の目的とは？

これはハーバード大学が1938年から約80年、724名の男性を調査し続けた史上最も長期間にわたって成人を追跡した研究です（ハーバード成人発達研究）。

そして4代目所長のロバート・ウォールディンガー教授によると、その答えは……

「私達を健康に幸福にするのは、良い人間関係に尽きる」なのです。


はぁ？　と感じる人もいるかも知れませんが、50歳を超えた多くの人はうなずき、共感することでしょう。

私も人間育成の仕事に34年従事してみて、まさにその通りだと思います。

特に50代の時に良い人間関係に恵まれていると、70代、80代の時に健康で幸せを実感している比率がかなり高い、という研究結果が出ているのだそうです。


ロバート・ウォールディンガー教授が紹介している作家のマーク・トウェインの次の言葉は心に刺さるものがあります。

「かくも短き人生に、争い、謝罪し、傷心して、責任を追及している時間などない。愛し合うための時間しかない。それがたとえ一瞬にすぎなくても、良い人生は良い人間関係で築かれる」

人が実るも枯れるも、その人の「人間関係」次第ということです。

08 人間関係の棚卸しをする

▼枯れる人＝「付き合い貧乏」になりがち

若い頃から仕事柄「人脈の達人」と呼ばれることがありますが、50代になってつくづく思うことは「人間関係は量でなく質である」ことです。

そもそも「人脈」という言葉があまり好きではありません。

若い頃、「出逢い」を求め色々な会合やパーティに参加していました。

その中には無為《むい》な会もたくさんありました。

たんに自分の客を求める人、売名行為に走る人、自分の自己重要感を満たしに来た人。

たくさんの名刺が集まり、ホルダーが溢《あふ》れかえりましたが、今でもお付き合いが続いている人はほんの一握りしかいません。

仕事先の人も形式的に名刺交換をする人も多く、名刺の数がその人の価値を決めるものではありません。

人脈、金脈、疲れる脈です。

「人生にムダなし」なのですが、50歳を超えたら、もう出逢いの量を求めるのはいかがなものかと思います。

50代からは少し社会の窓を閉じ気味の方が、バランスがいいようです。

コピーライターの糸井重里《いといしげさと》さんの言葉が身に沁《し》みます。

「自分にとって、ほんとうに大事なことってなんだろう
自分にとって、ほんとうに大切な人って誰だろう

このふたつを、本気で思っているだけで　いい人生が送れるような気がする」

限られた時間の中であれもこれもは関われない現実を知り、今いる周りの人（家族、親友、同僚）を大事にする。

本当に会いたい人を訪ねてみる。

出逢いの質に注目して生きてみたいものです。

09

家族との温度を高める

▼枯れる人＝自分の話ばかり聞いて欲しがる

「一人で生まれ、一人で死ぬに　なぜに一人で生きられぬ」という川柳《せんりゅう》があります。まさに我々はこの世に一人でやってきて、一人で去っていく存在です。

だけど、いつも孤独を感じる生き物で、誰かとつながっていないとやっていけません。

ある意味、50代は最も「孤独」に耐えないといけない期間かも知れません。

パートナーとも結婚して20年以上が経過していて、よく言えば「空気」のような関係になり会話も希薄《きはく》になるケースが多いです。

子供たちも成長して、精神的に親離れをしていて、親密な対話もほとんどなくなってしまいます。

一方、あんなに元気だと思っていた両親に陰《かげ》りが見え始める頃合いです。あそこが痛い、ここが痛いと病院に連れていく作業が増えます。そのまま深刻な状態になり、手術、看病、そして見送るという悲しいフローチャートになることもままあります。

私の場合は30代後半で父を看病、見送り、40代で母親を施設に入れなくてはならないという試練を早めに体験しました。

とにかく親のケアにエネルギーを相当、奪われることになります。


そんな時だからこそ、それぞれの家族と丁寧に付き合わないと今後の人生で悔いを残すこととなります。

ケンカするパートナー、ムカつく子供、看病する親、実はすべていてくれるだけで有難いと思う日がきっと来るものなのです。

「なにを食べても美味しかった……
なにを見ても楽しかった……
気がつくとそんな時　いつもあなたがそばにいた……」
両手が義手の詩人で画家の大野勝彦《おおのかつひこ》さんからいただいた言葉です。

その関係性を温める一番のコツは、あらためて話を丁寧に聴き届けるということです。家庭でケンカがおきて、「言い争い」になりますが、「聴き争い」という現象はありえませんね。

「もっと話を聴かせてくれよ！」「いや、私が聴きたいの！」

こんなことになりますか（笑）。

パートナー、息子や娘、両親、それぞれの本心を聴いてあげることがお互いの関係性を温めることになります。

具体的な行動として、月に1度くらいは家族で食事に行く習慣がバカになりません。日本の豊かな食文化はどこの街でも楽しめますし、予算も財布に合わせられるのでそんなに高いハードルではないでしょう。

我が家も近くの美味しい焼き鳥屋へ家族で定期的に通っています。

そこでそれぞれが他愛のない話をしている瞬間に家族体温が高まります。

せめて家族とだけは「信頼」を柱に生きたいものです。

10 喜びの窓口を大切にする

▼枯れる人＝いい友達を捨てる

50代にもなると多層にわたる友人がいます。

学生時代の友人、仕事で知り合った友人、趣味などの仕事以外での友人。

まずは同級生、何が一番楽かというと「お前、いくつになった？」という会話が必要ないことです。

大阪万博、高度経済成長、昭和歌謡、バブル、失われた20年……。

ほぼ同じ体験を重ねているので自然と共感しやすいものです。

私も高校時代の友人６人とＬＩＮＥを使って日々、他愛のないやりとりをして楽しんでいます。

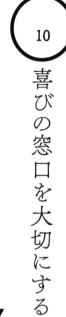

サッカー日本代表の試合、プロ野球の日本シリーズなどビッグイベントの最中にそれぞれのコメントが投稿されて大変愉快です。離れていても一緒に観戦している感じで盛り上がります。

たまに会って、酒を酌《く》み交《かわ》すこともありますが、ここで重要なことがあります。さすがに50年も生きてくるとそれぞれの価値観や哲学がかなり違ってきているということです。

若い頃の友情は全幅《ぜんぷく》の信頼のもとに築かれていたはずですが、中年以降はそれぞれ異質な人間同士であることを理解して、片目をつぶって仲良くする。そんな心がけも大切です。

仕事を通じての友人、これも天からのギフトです。
お互いの研鑽《けんさん》や成果をシェアできる喜びは働きがい、生きがいを感じます。
50代にもなると酸《す》いも甘いも味わえる感性を持ち合わせていて面白さも増します。

また駆け引きのない仕事以外の友人というものも貴重です。

私はスポーツクラブの友人とはかなり深い絆で交友していて、共に汗を流し、たまに食事も一緒にして人生について語り合います。


以上のように「50代の友達ワールド」は人生の宝箱でもあります。

しかし、逆に「孤独」に陥る可能性も高いものです。

人づきあいにも疲れ、仕事がらみの人には会いたくもないし、同級生とは極力コンタクトを取りたくない、今さら同窓会なんてまっぴら御免という人も多いです。

私自身も一人メシ、一人酒、一人旅、一人で映画、一人で読書のおひとり様が気楽でいいと感じることがあります。

その気持ちもわからないでもありませんが、やっぱり生きる喜びをもたらす窓口のひとつは「友人」です。

数は少なくていいのです。学生時代の友人一人、仕事仲間で一人、それ以外で一人は人間関係を活性化させて大切にしましょう！

一番、避けなくてはいけないことは「セルフ・ネグレクト（自己放任）」に陥ることです。

セルフ・ネグレクトは孤独死の8割を占《し》めると言われており、近年深刻な社会問題となっています。

「もうどうなってもいいや」という心境になった時こそ、友達に会うことです。

11 明るく気軽に声をかける

▼枯れる人＝自分から挨拶できない

50歳を超えると表情が乏《とぼ》しくなるようです。

私も普通にしていたつもりでも「憮然《ぶぜん》としていて、怒っているの？」と言われてビックリしたことがあります。


人間関係のスタートラインは「笑顔で挨拶《あいさつ》」です。

ついだんだんものぐさになっていて、「ウッス！」とか「チワー」とかで済ますようになりがちです。

また、できれば声をかけたくない相手がいる場合もあります。

なんか気に食わない、挨拶をしても無反応、ひとことイヤミを言われるなど挨拶はストレスを感じることもありますね。

ミドルシニアこそ、爽やかに、自分から笑顔で「おはようございます！」「こんにちは！」「お疲れ様！」を歯切れよく発する習慣を強くオススメします。

たかが挨拶とあなどるなかれ、挨拶ひとつに人生が表れると言っても過言ではありません。

挨拶は自分の耳が聴いていますので、自分の心へのエールとしても活用できます。

私の友人の寺田倉庫オーナー会長の寺田《てらだ》保信《やすのぶ》さんは挨拶名人です。

若い頃から「やぁ、やぁ、こんにちは！」で友達6000人の仲間を作って大きなパーティやイベントを成功させてきました。

今は70代ですが、今なおどこへ行っても気さくに「やぁ、やぁ、こんにちは！」と声をかけて人気者です。

そばで見ていてこんなシンプルな人間関係活性法はない！　と感動します。

50代になると声が出にくくなります。
あえて声をかけるトレーニングが大事です。
日頃から街で迷っている人がいたら「なにかお困りですか？」
なにかわからないことがあったら「ちょっと教えてください」
こんな軽やかな明るい会話が、心の養分になるのです。

陽明学者・思想家として著名な安岡正篤《やすおかまさひろ》さんも「素心規《そしんき》」の中でこう述べています。
「窮困《きゅうこん》に処するほど快活にしよう。窮すれば通ずる。又通ぜしめるのが、自然と人生の真理であり教えである」

50代は生きるのが苦しい時代ですが、あえて明るい言葉がけをすることが次の10年を実らせます。

12 日頃から大事な人に感謝を伝える

▼枯れる人＝大事な人とのパイプがつまっている

この人のお蔭で今の自分がいると思える人が一人や二人はきっといるはずです。

そういう人を「貴人《きじん》」といいます。

また、自分の周りにもこの人の生き方、あり方って素晴らしいなぁと感じて、学んでいきたいと思える人がいるはずですが、そういう人を「メンター（師匠）」といいます。

まずオススメするのが「貴人・メンターリスト」の作成です。

人間関係も雑多になってきていて、大事にすべき人がわからくなってきてしまうものです。

マンダラチャート（あなたの貴人リスト）

例）講師貴人リスト
（著者作成）

本田健さん	中野裕弓さん	高野登さん
小杉俊哉さん	**自分**	佐藤伝さん
岸見一郎さん	小田全宏さん	本間正人さん

★記入して大切な人を再確認してみましょう

	自分	

あらためて「この人と出逢えて良かったと思える人」をリストアップしてみましょう。

マンダラチャートを利用すると便利です。

そして貴人というのはすでに亡くなっている人や、自分に尽くしてくれた人だけではなく憎しみを持ったり、ケンカをした人なども含まれるケースもあります。

とにかく自由に書き出してください。

そして日々、これら貴人へ感謝の気持ちを持つだけで気分が変わってくるはずです。

いわゆるデスノートの真逆バージョンですね。

次に具体的に貴人・メンターとの関係を潤滑《じゅんかつ》にするためのパイプ掃除法をお教えします。

●パイプ掃除法（貴人・メンターを大切にするコツ）

①季節の挨拶を必ずする（メールよりも手紙、それよりも直接出向く）
②お茶を共にする
③食事を共にする
④旅を共にする
⑤講演会などの共同作業をする
⑥**なんの用事も無いときにも話をする**

私は若い頃、盆暮れに、お世話になった人に名前入りのハンカチを送っていました。

やはりなにか困った時にだけ依頼にいくのではなく、平時にこそ感謝の気持ちを伝えておくことが大切だと思います。

ただ、そんなに予算はかけられないので、相手の苗字を刺繍《ししゅう》した白いハンカチを3枚お贈りしておりました。

やがてあの上智大学名誉教授でいらした渡部昇一《わたなべしょういち》先生に、早くから「ハンカチの松尾君ね」と呼んでいただけるようになりました。

50代こそ、錆《さ》びついた貴人とのパイプ掃除をして人間関係を実らせましょう。

13 価値観の違いを楽しむ

▼枯れる人＝多様性を認めない

価値観は人によって様々です。

あるグループでみんなお揃いのTシャツを作ってユニフォームにしよう！　ということになった時に、一人の男性が憂鬱《ゆううつ》そうな表情を浮かべました。

彼は個性的なファッションが好きなオシャレ男子です。

彼にとって最悪なことは、みんなと同じものを着せられて、自分のファッションを封じられることなのです。

お揃いのTシャツでいつも活動することは拷問《ごうもん》に等しいことなのです。

これはひとつの事例ですが、「自分の中ではあり得ない！」の象徴的な話です。

また、もうひとつ、「自分と人の価値観がこんなにも違うものか」と思い知らされたことがあります。

私が以前、ある大手企業の幹部研修の提案を依頼された時の話です。

ご要望のスペックに合わせてかなり高名でレベルの高い講師を同伴してプレゼンをしました。

そこには担当マネージャーがいて、「そんなことはもうわかっている」と冷たく言い放ち、もう一度企画するように言われました。

仕方なく、その講師にも丁寧にお願いをして次の週に再訪しました。

その会議では、なんとその担当マネージャーは定刻より20分ほど遅れてやってきてまた企画書にケチをつけました。

資料を放り投げ、「もっと高い視座で！」

さすがに同行いただいている講師にも申し訳ないので、「私達は御用聞きではなく、依頼されてかなり質の高いご提案をしています。一寸の虫にも五分の魂。あまりにも人として対応が失礼です」と伝えると、「時間のムダ！」と吐き捨てて部屋を出て行ってしまいました。

ホントにお口あんぐりです。

優良企業から引く手あまたの講師に対して、断るにしてもマナーがあるってものです。

しかし、これもそのマネージャーの価値観の中では普通の対応のようでした。

恐らくなにか他に貢献する部分があるから管理職をやっているのでしょうが、出来れば一緒には働きたくないと思いました。

でもこれはそれぞれの在り方には違いがあるという典型のパターンで、社会ではこういう理不尽なことが日々たくさんあるわけです。

私にとってはあり得ない対応だと感じましたが、あれがその人のスタイルでもあるわけです。

特にこれからの時代、生きていくうえで価値観の違いに対しての免疫力《めんえきりょく》が必要になります。

びっくりするような人が目の前に現れても、多様性を楽しむくらいの器量が必要となります。

「世の中にはいろんな人がいるもんだ」と。

14

発言をマネジメントする

▼枯れる人＝言うべきことを言えずに、言わないでいいことを話してしまう

年齢を重ねていくと経験値もあがり、だんだん物のなりゆきに察しがつくようになってきます。

若者が仕事の段取りもせずに手を抜いているのを見て「ああ、それでは失敗するよな」と感じたり、無見識の人がガンガン好き勝手な理屈を主張していると、「それは大きく間違っているな」と思うことがあります。

とはいっても、ついつい、説明したり解説したりするのは「厄介《やっかい》」と思い、やりすごすことが多くなりがちです。

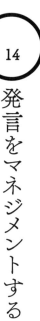

しかし、ここは踏ん張って「言うべきこと・言いたいこと」は主張しましょう。やはりベテランならではの矜持《きょうじ》を持って、自分のノウハウや思いを伝えておくべきです。そこをサボりだすと自己の存在意義が失われてきます。寡黙《かもく》な人もある意味では魅力的ですが、自ら発信するエネルギーは失ってはいけないものです。

一方、だんだん言わなくていいことは言わない方がいいことも増えてきます。例えば、人が老けてきたこと、太ったことなどを鬼の首を取ったように指摘する人がいますが、これはやめた方がいいです。

また、あてにならない霊的な予言などには、孔子《こうし》ではありませんが「怪力乱神《かいりょくらんしん》を語らず」の姿勢がいいようです。

特に50歳以降、言うべきことを言わずに、言わないでいいことを言ってしまう傾向が強くなるので、自分の発言をマネジメントしていくことが大事です。

第3章◎
心を整える

15 過去の悔恨を手放す

▼枯れる人＝執着に踊らされる

投資信託で仮に年率5％で運用して、それが複利であれば約15年で元金《がんきん》が2倍になるそうです。

「そうか、あの時にそれで運用していたらあの貯金は倍になっていたのか〜」と残念な思いと同時に「時は金なり」の真意がわかりました。

その他にも「あの時にあの仕事を選択していたら、もっと活躍していたんじゃなかろうか」などと思うのも50代の特徴です。

このように、色々なことに対し、人は「念」が残るものです。

しかし、私は仏教の教えを長年学んできたなかで、人間にとって執着を手放すこと

が「覚醒《かくせい》」の第一歩であると気づかされました。

55歳の誕生日の朝、顔を洗おうとした時、

「あっ、振り返れば自分にはこの道しかなかった！」

という言葉が天から降ってきたのです。

18歳くらいからあれやこれやと試行錯誤をくりかえしながら生きてきました。大学受験、恋愛、就職、起業、結婚、事業継承、独立、ビジネスモデルの構築、たくさんの岐路《きろ》があったはずなのに、振り返ればこの道しかなかった、ということがよくわかりました。

いつも心の中で「これじゃない」「このままではダメだ」「こうなりたい」と叫び続け、もがき苦しみ歩いてきたことが、実はすべて自分にとっての最善のプログラムだったと感じられるようになったのです。

無論、そんなに金持ちになったわけでもなく、社会的評価が高いというわけではあ

りません。

ただ、私はこの道を歩くために生まれてきたんだと思えるのです。

50代は長年の数々の執着を手放してみる適齢期です。

過去の自分に「自分は今、最善の道を歩んでいる」と自信を持って言ってあげましょう。

16 人の評価から自由になる

▼枯れる人＝評価ばかり気にする

私自身、ずっと人の目を気にして生きてきた気がします。

小さい頃、ピアノの家庭教師が自宅に来て、姉と私を教えてくれていました。

ある日、練習が終わった後に、母親と先生がお茶を飲みながら談笑しているのを近くで聞いていました。

その時、先生が「一也君はなにか違う才能があるんじゃないでしょうか」と言っているのを聞いてすごいショックを受けました。

「えっ、ボクはやっぱりダメ？」

思うようにピアノが弾けないことは自分でもわかっていましたが、この先生の一言で大きく心が傷つきました。

それ以降、楽器へのコンプレックスが生まれて、なにを弾いても笑われそうな気になります。

そんな幼児体験もあり、他人の評価を気にしてしまうタイプでした。

時が流れて、私は教育事業を志し、たくさんのセミナーや講演会を企画開催してきました。本来、人前で話すことが大好きな性分です。

ところが起業して間もないころ、経団連会館に500名の聴衆を集めて、時代の寵《ちょう》児《じ》であった人気評論家の竹村健一《たけむらけんいち》さんをゲストに大きな講演会を主催した時のことでした。

主催者代表の挨拶ということでまず私が壇上に上がり、10分程度のスピーチを始めましたが、いきなり超満員の聴衆にのまれて頭が真っ白になってしまいました。

なにをどう話して終えたのかわからないほどのぐじゃぐじゃの挨拶になってしまい、そのまま消えてしまいたい衝動にかられるほどでした。

やはりこれもどこかで常に人の目を気にしすぎていて自爆してしまう気質が顔をの

ぞかせた出来事でした。

幸いこの年齢になってくると、場数もこなし、良くみせようという神経も弱って、ほどよい緊張感のみで講演、研修をこなせるようにはなりました。

先日、講演の仕事であの漫才ブームの立役者でもある元B&Bの島田洋七《しまだようしち》さんのお話を聞く機会がありましたが、「若い頃から舞台やTVに出るときにぜんぜん緊張せんかった」と語っていました。

人の目も気にせずに、自由にパフォーマンスを演じられる、そんな人もいるんですね。

とはいえ、多くの人は人の目や評価を気にしすぎて、自分の道を見失いがちになります。最近はSNSで「いいね!」の賞賛を浴びたがる「栄光浴」を求める人が多いと言われています。

50歳も過ぎたら、もうそろそろ「人の目や評価」を手放していいと思います。

ちなみに、どんな人が結果として評価されているかというと、意外なことに人の目や評価を気にせずに自分の流儀を貫いていたり、島田洋七さんではありませんが他人の反応に無頓着《むとんちゃく》な人だったりするわけです。

「人の目や評価」を気にするよりも、めいっぱい自分らしさを発揮してみましょう。

17

暮らしをダウンサイジングする

▼枯れる人＝算用、始末する力が弱い

日本も戦後の焼け野原から比べると本当に豊かになったものです。

ちょっとお金を払えば、中トロの寿司、車海老の天ぷら、霜降りの牛肉、ふぐの刺身など食べられるグルメ天国です。

車も東京のホテルの駐車場にはベンツ、ＢＭＷ、レクサスなどまるで高級車のショールームのようです。

リゾートホテルも一泊10万円もする部屋から埋まっていくと聞きます。

人は一度、ぜいたくを味わうとそのレベルを下げることはなかなか難しいものがあります。

できれば右肩上がりの人生を送りたいものです。

昨日より今日、今日より明日と。

「MORE AND MORE」です。


ところが戦後の高度経済成長時代のようにはうまくいかない社会システムになってしまいました。

行き詰まった日本経済もどこかで破綻《はたん》が進み、少しずつ物質的にあきらめないといけないことが増えているのも事実なのです。

50歳を過ぎたら生活の断捨離《だんしゃり》、ダウンサイジングができる能力が重要になってきます。

仮にお金持ちでも有益なのでオススメします。

確かにお金を使うことが社会を潤《うるお》す源泉でもありますが、その役目はすべての人に当てはまるわけではありません。

昔から「立って半畳、寝て一畳、天下取っても五合半」と言って、自分のいるスペースと食べられる量というのには限りがあるものです。

ついつい美食に走る食習慣、見栄でブランド品を買ってしまうその購買行動、より豪華な住まい、バカンス三昧《ざんまい》への執着心……こういった物欲を弱めていった方が健全な後半生になることでしょう。

老後破綻は他人事ではありません。

ダウンサイジングさせて、もっとお金が貯まるようであれば、それはそれで経済余力が高いことと喜ぶべきことです。

貧乏くさい生き方は、レベルの高い人と出逢えなくなるので要注意ですが、本当の金持ちこそシンプルライフを送っているものです。

とにかく、節約を苦痛と思わず楽しめるたくましい経済体質になっておくことが実るコツのひとつになります。

また儀礼的なお中元、お歳暮、年賀状もこの時代、対象者をしぼって心をこめ直した方が、よほど交流が深まるものです。

物を贈るのにも上手下手がでるように、「思いやり」が伴わない贈答は思いきって中止にすべしです。

18

損得を超えて行動する

▼枯れる人＝自分の得だけを考える

ずっと損得計算をして生きてきました。

子供の頃、姉と分けるお菓子の量に始まり、長じては常に仕事の売上利益の計算、飲み会の割り勘の額に至るまで。

時々、自分がウンザリすることがあります（笑）。


世界情勢を見ていてもすべて損得勘定でトラブルが続発しているように感じます。

もうそろそろ損得を超えてみると楽になります。

50歳を超えたらあまり損得計算をしないことをオススメします。

逆にどちらかというと、あえて損と思うことを選べる人間に魅力を感じます。
電車の乗り降りでも「お先にどうぞ」
利益の分配をするときでも「多くお取りください」
人の失敗も「私の責任です」
「損」を選べる人は心に余裕を持てるようになります。

自分の損得を超えて、社会のために、次世代のためにという視座に立てた人が、その後めきめきと実りだす様を見てきました。

例えば、自分の健康のために毎日ウォーキングをする人は、周りから「熱心な人だね」と言われます。
ところが毎日、ウォーキングをしながら、街のゴミを拾い歩くことを習慣としたら、「あの人は立派なお方だ！」と讃《たた》えられるものです。
自分の車をキレイに洗車することが趣味の人が、会社の車全部をピカピカに磨くことを習慣としたら「あの人は有難い！」と言われます。

とにかく、老後不安を抱える人は損得計算シンドロームに陥っている可能性が高いものです。

自分だけ勝ち残ろう、自分だけいい思いをしようと考えているうちは、実が結ばず、キレイな花も咲かないものなのです。

19

自分のブラックな部分も愛する

▼枯れる人＝自分を許せない

今までの人生、ウソをついたり、人を傷つけたり、ズルいことをした経験のある人がほとんどだと思います。

そんな自分を許せない気分になることはありませんか。

特に真面目で誠実な人の方が、自分のブラックなところがつらくのしかかっています。なかなか清濁《せいだく》あわせ呑むという具合にはなれません。

でも考えようによってはその時、その時、精一杯に生きた証でもあるのです。

無論、ウソをついたり、人を傷つけたり、ズルいことをしないに越したことはありませんが、どうしようもなくなってしまった結果でもあります。

私は、自分を許せない気分になるとき、奈良の中宮寺《ちゅうぐうじ》にある半跏思惟像《はんかしゆい》を思い出します。その優美な微笑みは、いいことも、悪いことも、悲しいこともすべてを包んでくれているように感じます。

あの弥勒菩薩《みろくぼさつ》の慈顔《じがん》は地獄の修羅場を乗り越えた人にしか与えられないものだと思います。

善も悪も人生であり、人間だと思います。

自分のブラックなところも愛してあげて、器の大きな50代になりたいものです。

そのためには自分を許して、そして人も許せることが大切です。

いつまでも自分の親を恨《うら》んでいたり、上司や同僚が憎かったり、自分のパートナーを激しく嫌っていたりする人がたくさんいます。

スッキリした後半生を迎えるためにも「許す」ことがカギになります。

20 アイデアのままで終わらせない

▼枯れる人＝一歩が踏み出せない

だんだん知識も増え、「あー、そうだよね」ということも増えてくるのが50代です。

そのうちに頭ではわかっているのに、全然行動に移せていない自分に気づきます。

私自身の例で言えば……

英語は世界を広げる！　もう一度、英語がうまくなりたい！　と一時期は友人の英語学校に通いだしましたが、忙しさを理由に休学したままです。

本当はもう一度学び直したい……。

また、50代こそは、若い世代と交流を深めて、培《つちか》ってきた英知のおすそ分けをしたり、逆に新鮮な発想を学べる学生とビジネスの架け橋的なプラットホームを作ろう、次世代リーダー育成のメッカを作りたい、とずっとアイデアを練っていますが、これも吹聴《ふいちょう》してから早5年が経ちます。

こうした体験からも50代として重要だと感じることは、即、やってみる習慣です。

確かに、「評論家」のように自分勝手なことを言って、こちらのやる気を萎《な》えさせる抵抗勢力も多くいます。

あなたの周りにも、評論させたらいっぱしのことを語る人がいませんか。

これが人や組織を枯れさせる震源地になるのです。

「評論家」に不安を掻《か》き立てられたら、行動しないことで後悔しないかを自分に問い直してみましょう。

小さい頃に大縄跳びで遊んだ経験を思い出してみてください。最初に飛び込む時は怖いですが、飛び込んでみるとタイミングがわかります。

まずは勇気を持って、大縄が地面を叩くと同時に一歩を踏み出しましょう！

21

楽しいこと、好きなことを選ぶ

▼枯れる人＝つまらないままでいる

私の周りで活躍している人、実っている人を見つめてみたとき、浮かび上がる共通のキーワードは「いつも楽しそう！」です。

それなりに陰で努力は重ねているのでしょうが、憂鬱そうでもなく、不満タラタラでもありません。

作家であれば、自分のテーマのことをイキイキと語ります。

会うと、いつも次の本のアイデアが溢れています。

たとえ同じ話をする場合でも、本人が退屈することなく次々と言葉が継がれます。

事業家であれば、夢やビジョンを口にすることが多いです。

ある人物はひとつの会社を大成功させたにもかかわらず、あらたに電子楽譜のビジネスに乗り出して仲間と模索していることを楽しそうに話します。

弁護士、税理士もそうです。

自分のかかえていた案件の様子を守秘義務契約以外のことは上手に再現させて教えてくれます。そしてさすがと思わせる深い専門知識のもと、楽しそうに解説します。

長年の友人、日本で唯一博士号を持つゴルフレッスンプロの安藤秀《あんどうしゅう》さんもゴルフ理論を語り出したら誰か止めて〜というくらい熱くなります。

恐らく、そのことが好きで好きでたまらず、また自身の関心が高い領域の仕事を選んだのでしょうが、まさにライフワークというにふさわしい天職になっています。

50年も生きてくると、自分の好きなこと、嫌いなことが明確になってきます。

若い頃は、嫌いな人や苦手な仕事でも我慢して対応していましたが、もう辛抱するのには疲れました。

これからは自分が好きなこと、楽しみになることを率先して選んで実践していいのです。

人からなんと言われようとかまいません。

そのためには自分の心の中で埋もれてしまっている好きなこと、楽しみなことリストを一気に20個は書き出してみましょう。

まずは「人生は好きなこと、楽しいことを選んでいい！」という認証を自分に出すことをオススメします。

22

自分自身に謙虚さを問う

▼枯れる人＝すぐ傲慢になる

この世の黄金律のひとつが、実る人ほど「謙虚」「素直」であるということです。

「実るほど頭《こうべ》を垂れる稲穂かな」多くの人が知っているフレーズです。

ところがわかってはいるけど常に謙虚で素直でいられるか……難しい課題です。


実際にこの人の謙虚さ、誠実さは筋金入りだと感じた最たる人物が王貞治《おうさだはる》さんです。

本来はそうそう講演を受けられない王さんですが、ある企業の１００周年式典で特別にご講演をしていただく機会に恵まれました。

最初に出逢った時も、あの慈眼で丁寧に挨拶をしていただき、控室での打ち合わせ中もじっくりとこちらの話を聴いてくれました。

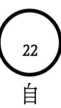

そして講演が始まる直前に私のところへ近づいてきて「もう一度、正式な会社名を教えてください」と確認されました。

何事も軽視していない証拠で、なんて篤実《とくじつ》な人だろうと感服しました。

50代の野球小僧にとって王貞治さんはプロ野球界の大ヒーローでしたね。通算868本の日本ホームラン記録、国民栄誉賞第一号、ワールドベースボールクラシック優勝監督など名誉なことばかりです。

中途半端に大物然としている人は傲慢で威張った人が多いものですが、日本で最も尊敬を集めている人物が類をみない謙虚さを持ち合わせていることに多くを学びます。

謙虚な人は自己承認欲求を抑えられて、エゴを感じません。

50代はそんな大人になりたいものです。

第4章◎からだを整える

23

天から借りたボディスーツを大切にする

▼枯れる人＝からだを粗末にしている

ホスピスで緩和ケアを担当する大津《おおつ》秀一《しゅういち》先生と対談した時に教わったことは、患者が死ぬ時に最も後悔することのひとつが「健康を大切にしなかった」ことだそうです。

我々はこの肉体という「ボディスーツ」を天から借りているのです。

今さら入れ墨を彫ったり、ヘソにピアスの穴をあける人も少ないと思いますが、最後はこのボディスーツもこの世に置いていかなければなりません。

あと何年お世話になるのかわかりませんが、このボディスーツが擦り切れてきたり、ほころびが出たりするのも50代の特徴です。

尿酸値、コレステロール値、中性脂肪、γ-GTPなど次第に高くなる人も多くなり、若い頃のように、お酒を好きなだけ飲んだり、カロリーを気にせずに美味しいものを食べる自由が少なくなってきます。

グルメ番組で映し出されるウニやイクラ、レバーやホルモン、そりゃ、美味しいことは重々承知なのですが、控えないといけない残念な年頃です。

もうひとつのほころびは、首、腰、膝《ひざ》などの関節系に出てきます。

私もスポーツクラブのスタジオで鏡に向かってエアロビクスをしていた時に「あれ、右足の向きが開いている」と気づいてから、だんだん腰の張り、首の痛みが発症するようになってしまいました。

これはまさに経年劣化で構造的にもガタがきているということです。

そんなこと気にしなくても大丈夫と高をくくっていると、やっぱりそのツケはのちのちまわってきはじめます。

あらためて自分の「からだ」を丁寧に大切にする習慣をつけたいものです。

50代の生活習慣が60代以降の健康を左右すると言われています。

からだの好不調が仕事や私生活のパフォーマンスに大きく影響してくるのです。

やはり健康に関心が高く、食事、運動、ヨガ、瞑想《めいそう》などの健康法に詳しい人がいつまでも元気でいる確率が高いのは事実です。

より一層、からだを整える習慣を身につけて、将来ボディスーツを天に返す時に「長い間、大事に使いましたね」と言われてみたいものです。

このボディスーツはすべてオリジナルで自分唯一のものなのです。

24

肉体・内臓を疲れたままにしない

▼枯れる人＝いつも疲労困憊《こんぱい》している

ある朝、首が痛くて目が覚めました。

その日以来「頸椎症《けいついしょう》」で首が痛くて、手もしびれる感じでなにをするのにもつらくて大変困ったことになってしまいました。

頸椎症はそのまま進行すると歩行にまで支障が出て、手術をしなくてはならない病気と言われています。

しばらくはだましだまし講演を続けていましたが「もう限界！」と思い切って会社を休んで1週間の「湯治治療」に出掛けました。

別府温泉の効能高い秘湯に入って、上手な整体師に全身をほぐしてもらう時を過ごしました。散歩程度はしますが、観光や宴会はしません。

宿ではこんこんと眠り続けました。

やはり50年以上も生きてきて、いつの間にか体を酷使してきたようで、かなりしつこい疲労が蓄積していたのです。

日頃、休養といってもたまの休みに二度寝をするくらいのレベルなので、そうそう回復できていない残念なお年頃なのです。

なんともだるい、頭が痛い、目、肩、腰が鉛《なまり》のよう、胃がもたれるなど50歳を過ぎた人なら経験があることです。

積年の宿痾《しゅくあ》なのでそう簡単には根治はしませんが、ひとまず肉体疲労を徹底的に取ることが大切です。

また、内臓疲労も相当たまっているはずです。

いつもの過食、酒の飲みすぎのツケが確実にまわってくる年頃が50歳です。

私は定期的に伊豆にある「やすらぎの里」という断食《だんじき》施設で半断食をします。

当たり前に三食、好きなものを食べている習慣を一度、ストップしてみると最初は戸惑いますが、次第に胃腸や副腎《ふくじん》の疲労が取れてくると、自然に脳の疲労も取れてくるのです。

脳の疲労が取れてくると、今度は心の疲労が解放される感じがしてきます。

タモリさん、ビートたけしさん、福山雅治《ふくやままさはる》さん、オバマ前大統領など一日一食の人がいつまでも若いという事実にも驚かされます（摂食障害にならないように断食は専門家の指導の下に実践することをオススメします）。

とにかく、50歳を過ぎたら勇気をだして惰性《だせい》のすべての習慣の「ストッピング（立ち止まり）」をしないと蓄積された疲労は抜けないものです。

この爽快になる感覚をつかんでおくと「再起力」が身につきます。

本来、50代はまだまだ元気で英気溢れる世代です。

25

仕事の合間に体育の時間を組み込む

▼枯れる人＝からだを動かしていない

私の体はそんなに頑健ではありません。

睡眠不足は翌日にこたえますし、季節の変わり目には体調を崩しがちです。

専守防衛の精神で会社の近くのスポーツクラブに20代から通いつめています。

社会人になってからでも「体育」の時間は重要です。

本来ならば企業や組織も就業時間内に30分程度の体育の時間を組み入れた方が生産性や永続性に好影響があると常々思っています。

私の場合、仕事の帰りやちょっとした合間に行くのでやれることも限られています。

20分のストレッチ、20分の腹筋、腕立て、スクワット、20分〜30分の有酸素運動が定番です。

忙しい時はストレッチだけのこともあります。

まさにレンガを積み上げる感覚で、コツコツやることが大切なのです。

私は特定の宗教には入信していませんが、唯一信仰しているのがこの「スポーツクラブ教」です。

なぜならここに通うほとんどの人が実年齢より10歳以上は若く見えて、アクティブで前向きだからです。

また、下手な高級クラブやスナックに通うよりも健康的に「憂《う》さ」も晴れますし、なによりもコストが安い！

内臓脂肪を燃やし、可動域を広げ、弱る筋肉を鍛え、そして仕事以外の仲間と気楽な会話が楽しめる。

本当に恩恵が多いのです。

健康だけは人に任せたり、お金をかければいいというものではなく、自主・自律しなければ手に入りません。

自分の健康は自分で守る！

三匹の子豚の童話にあるように、レンガ建ての家は風雪にも耐えて頑丈なものになります。

今からでも充分間に合います。

26 ホリスティク（全体的）に健康を考える

▼枯れる人＝自然治癒《ちゆ》力を忘れている

ホリスティクという言葉をご存知ですか。

ホリスティク（Holistic）という言葉は、ギリシャ語で「全体性」を意味する「ホロス（holos）」を語源としています。そこから派生した言葉には、whole（全体）、heal（癒す）、health（健康）、holy（聖なる）……などがあり、健康-health-という言葉自体が、「全体」という概念に根ざしています。

自分の生き方、特にからだは「全体的」な観点から見つめないといけないと思います。

どこか具合が悪くなると、病院に行って様々な検査を受けて、原因の特定は出来ないけれども対症療法として、痛み止め、消炎剤、胃薬、睡眠薬などたくさん薬が処方されます。

まともに全部の薬を飲み続けていたらなんらかの副作用もあるわけで、部分だけの問題でなくもっとホリスティク（全体的）に対応する必要があります。

まずは自分の中の自然治癒力を高めること。

どこかで無理をしてバランスを崩していないかを内観してみます。

ついつい「治すのは自分」ということを忘れて、なにかに頼る精神と習慣が先行してはいけません。

常に体は治ろうとしているのです。

今まで西洋医学の病院で色々な病気を治すサポートをもらった恩恵に感謝しつつも、それだけが医療ではないという意識を取り戻すことが大事です。

私の経験上、東洋医学の鍼《はり》治療で重篤《じゅうとく》な状態から脱したこともありますし、漢方、インドのアーユルヴェーダ、温泉療法、食事療法、呼吸法など種々の医療からの効能も素晴らしいものがあります。

怪しい民間療法は厳しい目で見て排除しないといけませんが、50代の健康は人間ドックと近所の病院通いだけ！　というスタイルではなく、ホリスティックな視座を持って自分で守りましょう！

27

「前向き健康類友防衛隊」を結成する

▼枯れる人＝健康選択肢が少ない

ここで大事になってくるのが信頼できる健康ネットワークです。

怪しい民間療法、理不尽で後悔する治療などから自分を守る情報網を持つことも50代ならではの大切なサバイバルスキルです。

やはり健康に関心が高く、日々探求している人は、結果として元気な人が多いものです。

逆に健康に無関心、あきらめている人は病気がちになりやすいことがわかります。

病院の待合室のご老人のように二人以上集まるといつも病気の話というのも味気ないものですが、そろそろ健康に関する特選情報を分かち合うことも有益なことでしょう。

まずはダイエット。

お互いで気をつけあっていると、相互関係でメタボが減ってきます。中年だからメタボで「お腹ポッコリ」でいいというわけはなく、いくつになってもスタイルとシルエットだけは自分でコントロール可能なのです。

今は携帯アプリも進化していて、自分の日々の食事、運動、健康記録を登録できてアドバイスをくれる優れものもあります。

レコーディング（記録）ダイエットになり、もうランチでのパスタにパン（糖質＋糖質）、スイーツビュッフェ食べ放題、深夜のしめのラーメンなどにきっぱりとサヨナラできます。

次に口にするモノのオススメ情報です。

日本酒を飲むなら安い酒よりも、純米吟醸《ぎんじょう》の方が内臓には優しい、発酵食品は腸内環境を良くする、サプリも摂り過ぎは災いのもとになるなど。

あとは睡眠に関することです。

不眠大国ニッポンでは約70％が睡眠に不満を抱える時代です。

寝る前に副交感神経系を優位にさせ、ゆるめるコツを共有します。

ぬるめのお風呂にゆっくりつかる、寝る前30分はＴＶ、パソコン、スマホを遠ざける、簡単な瞑想をするなど。


いざ具合が悪くなった時にかかる医療機関情報も大変貴重です。

ある知人が奥様の病気に付き添って行った病院で、専門医が「旦那さんの顔色から察するに早急に検査をした方がいいですよ」と言われ、即緊急入院、即手術をして心筋梗塞の状態から一命をとりとめたそうです。

こんな名医がいる病院も、情報をもらわないとそうやすやすと出逢えません。

自分の「前向き健康類友防衛隊」を早めに結成させておき、もしもの場合に備えておきましょう。

28

お酒との楽しい付き合い方を見つける

▼枯れる人＝いつまでもはしご酒をしている

「白玉の歯にしみとほる秋の夜の　酒はしづかに飲むべかりけり」――若山牧水

なんとも味わいのある一首ですね。

酒の味を覚えてから、ずっと憧れている響きです。

50代こそこんな心境を楽しめる贅沢な年代です。

若い頃の酒は勢いでガバガバ飲んでいましたが、やっとこの年になって酒の薫り、コク、味を五感で味わえる渋い境地に入ってきました。

私の夢の酒宴のイメージは、大分県杵築《きつき》市にある武家屋敷「大原邸」の東屋《あずまや》で満月の夜に、地元で獲れた城下カレイの刺身をつまみにして、地酒の「西の関　美吟」の冷酒を、亡き父親と酌み交わすことが最高のものです。

その時に父親の口から「お前もよく頑張ったなぁ」なんて言われたら、もういつ死んでもいいくらいです。

こんな夢物語も、人生経験を重ねて、大事な人も鬼籍《きせき》に入り、本当に愉快で楽しい宴《うたげ》はそんなにないということに気づいたはかない願望かもしれません。

私は日本各地を講演で旅して、その土地、土地の山海の幸を肴《さかな》に美味しい地酒を飲むことが至福の喜びと感じていますが、酒を味わえるのも健康ならではの物種とつくづく思い知らされます。

50歳を過ぎたら、基本的には酩酊《めいてい》、泥酔、鯨飲《げいいん》、二日酔いとはオサラバしないといけません。

はしご酒も楽しいものですが、ついつい羽目を外してベロベロになってしまうとアウトです！

美味しい肴、愉快な仲間、楽しいひとときにお酒をたしなめると喜びが倍増することを知ってしまったあなた。

ほろ酔い程度で仕上げられるスキルを身につけて、人生最後の前夜まで晩酌ができるように祈りましょう（笑）。

29

自分のお笑い道場をつくる

▼枯れる人＝笑わない

私は子供の頃、「笑い上戸《じょうご》」でした。

一度笑い出すと止まらなくなるヤバい気質がありました。

給食の時に私がふざけて言った言葉に目の前の友人が反応して、牛乳を吹き出しそうになるのを必死にこらえていました。

しばらくすると彼はおもむろに首をかしげて、鼻から牛乳を垂らしだしたのです。

その光景をみてからというもの、ずっと笑いがとまらなくなってしまい、最後は「ヒーヒー」言いながらの泣き笑いになっていました。

それこそ「笑いすぎてお腹痛い！」状態です。

そんなことも懐かしい思い出ですが、大人になるとそう腹を抱えて笑う機会がめっきり少なくなります。

会社では朝から晩まで仕事に追われ、気がつけば今日一日、一度も笑ってなかったという日もあります。

これでは顔の表情筋も老化、退化し、気持ちも落ち込んでしまいます。

そうならないために、自ら進んで笑える「お笑い道場」をつくりましょう。

長年、一緒に仕事をしているS女史は本当にユーモアの塊で、話す端々に笑いの種がまかれていて、こちらのユーモア遺伝子に火がつけられます。

「私は一度も〝キレイになったね〟って言われたことがない。なぜなら元からキレイだから」

「いいシップがあります。

バカなリーダーに疲れた時に貼るのがリーダーシップ、
友情に疲れた時に貼るのがフレンドシップ、
妻や旦那にほとほと嫌気がした時に貼るのがパートナーシップ」

気がつけば大笑いしながら、「あ、もう行かなくちゃ」という時間になっていることが多いです。

まさに「お笑いの宝石箱や〜」とスッキリして帰ります。

やっぱり、元気の神は「笑い」に宿っています。

30 自然の中に身を置く時間をつくる

▼枯れる人＝自然に触れていない

資金繰りに窮して眠れなくなる日がありました。

それなのに日曜日、一人で山登りに行きました。

最初は登り道で、心のつらさに体のつらさも重なり、「なんでこんなことしているんだろう」と帰りたくなりましたが、やがてペースもつかめてくると大自然に包まれて、全身を動かしていることが快感になってきました。

こうなると日頃の悩みがある分、無性にガンガン歩きたいモードになってきます。

気がつけば、丹沢山系を7時間かけて縦走してしまっていました。

帰りに温泉に入り、生ビールを飲んで帰路についた頃には「資金繰り」の問題がなにも改善されているわけではありませんが、「なんとかなるだろう」という観念が湧いてきていることに気づきました。

梅雨が明けた夏、昔から行きたかった長崎県、五島列島にある福江島《ふくえじま》の高浜海水浴場の青く澄んだ海に飛び込みました。

この時も海が持っている癒す力で、日頃の人間関係などのうっぷんが瞬時に晴れるのを感動しながら体験しました。

野山を駆け巡る、海につかる、こんなシンプルなことが50代にはとっても必要なひとときなのです。

どんな人も、悩み→葛藤→放念、人生なんてこんなことの繰り返しです。

そんなプロセスを活発に促進してくれるのが、自然に囲まれる野山を駆け巡り、海につかるという行動です。

所詮《しょせん》、我々も動物なのです。

くじけて、しょげている時こそ、思い切って野山や海に駆け出しましょう。

第5章◎
仕事を整える

31

「仕事」と「人生」を切り離さない

▼枯れる人＝「仕事」を避ける

仕事をやり続けて早30余年。

多くの人にとって、仕事というのは生計を立てるキツイ労働である、という意識がしみ込んでいます。

自由に休めない、人間関係の苦労がある、常に結果を求められる、など仕事が苦しみの張本人のような気がしてしまいますよね。

50代はもうそろそろ既成概念を大きく変えるお年頃だと痛感しています。

仕事とは、まずは「日常の活動すべて」ととらえます。

主婦（主夫）は家事全般もそうですし、学生は勉学、子供は遊ぶことも仕事の一種です。

その延長線上で社会人は「仕事」をしているわけです。

お金を稼ぐことだけが「仕事」という観念を外した方が自由になります。

ということで、「仕事」と「人生」は今さら切り離せないものだと覚悟し直してみます。


次に「仕事は苦行」であるイメージを外します。

まさにオセロゲームのように最初に黒を置いてしまうと、つらい思いをするたびにすべての白がまた黒にひっくり返ってしまいます。

やっぱり仕事はツライという自己対話から、「仕事は有難い」に切り替えます。

私も経営者として大ピンチの時が、波のごとく押し寄せてきます。

そのたびに「もういっそやめるか？」と自問してみますが、決してやめられないのが自分のライフワークだと感じます。

経営者なら自分の仕事で悩めるなんて幸せさえ感じます。

逆に、もし7億円ジャンボ宝くじが当たったら今の仕事をやめるか？　と想像してみると、やっぱりやめないと思います。

やめられないなにかがあることは素晴らしいことですね。

たまにはのんびり羽を伸ばして遊んでみたいという願望はありますが、仕事は人生の活動そのものだと思えると、遊びにも彩りが添えられ、有難みが増してきます。

50代からは残りの人生の中でやりたい活動を仕事にしてしまうといいと思います。

最初は報酬を得られないかも知れませんが、少しずつでも得意になってくると社会的価値が生じてくるものなのです。

必ずチャンスはやってきます。それを待てる力と熱意が50代の最大の課題なのです。

仕事は一人でもいいし、仲間とやってもいい。

ただし、モノやサービスを作るのも人、運ぶのも人、買うのも人、評価するのも人なのです。

どんな仕事でも人は心底大切にすべし、です。

そして仕事が人生最大の趣味になるよう整える。

評論家はそんなに甘い世界ではないと口にするでしょうが、自分の人生や仕事は自分でつくる覚悟があれば形になるはずです。

せめて健康寿命までは、「仕事」とともに生きていきたいものです。

32 干された時にしかできないことをする

▼枯れる人＝干されたままでいる

私は26歳で起業して成功を夢見て頑張っていましたが、なかなか芽が出ずにくすぶっていました。

そんな折に、家業である機械装置品のメーカーを手伝う流れになってきました。

当時の社長である父親が引退後、私が事業継承の候補の一人となったのです。

しかし、いざ戻ってみたものの同族争いから、役職だけ与えられて仕事を与えられず干された形になりました。

会議も私には知らされず、いつの間にか終わっていました。

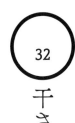

チームを持たされず、ただ会社に出社するだけの日々でした。

早朝、工場に行き、ラジオ体操をして、工場内の清掃を手伝い、資料を読み込むだけのルーティンに空《むな》しい気持ちでいっぱいでした。

なんの目的も役割もない仕事しかなく、通勤の車の中で中島みゆきの『時代』を聞きながら「オレ、なにやってんだろう……」と一人泣きました。


仕方がないので、当時はアトピーだったので「体質改善」をしようと、休日を利用して東洋医学の名医を訪ね、そのご縁で、全国の薬効の高い名湯を回り、かなり健康意識が高まりました。

あとは自分自身の悩みが大きかったので、たくさんの書を読み、色々なセミナーに参加しました。

「中村天風《なかむらてんぷう》」「安岡正篤」「デール・カーネギー」「ナポレオン・ヒル」「無能唱元《むのうしょうげん》」「禅の教え」「中国古典」「吉田松陰《よしだしょういん》」「西郷隆盛《さいごうたかもり》」「内観道場」「ライフ・ダイナミックス」「フォーラム」……かたっぱしから受講、読書を重ねました。


今思うと、すべてが私の血肉化されているものばかりです。

干されたという時間は、今から思えば天が与えた自由時間だったのです。

あの頃はつらく情けない思いでしたが、感謝の気持ちも湧いてきます。

そしてその時に学んだことが、現在の講演研修活動（教育事業）のコンテンツになっているから不思議なものです。

干された時にしかできないことを進んで実践しましょう。

33 目には見えない報酬を稼ぐ

▼枯れる人＝お金と地位から求めてしまう

多いに越したことがないのが報酬です。

満足のいく金額が振り込まれた預金通帳を眺める時の嬉しさはたまりません。

しかし、50代になると収入という点では大きな差が生じているものです。

若い頃はそんなに収入格差がなかった同期でも、ケタが違っている場合もあり、事業での成功と停滞によっては二けたくらいの差になっていることもあります。

50歳からは仕事の中で目に見えない報酬に目を向けてみるといいものです。

目に見えない報酬とは、まずはその「仕事自体」が報酬ということです。

その仕事に出逢えた喜び、その仕事自体が報酬という感動を味わいましょう。

次の仕事があるということは、実にありがたいものです。


次は「能力」です。

長年培《つちか》ってきた能力が高まるということも目には見えない報酬の一部です。

50歳を超える頃にはかなりの高額になっているのではないでしょうか。


あとは「人間的成長」が一番の報酬と言えます。

仕事に磨かれて、人間的成長を得られていることこそ豊かな報酬です。金銭的には高い報酬であっても、人間的成長が得られない仕事は魅力がありません。

銀座のクラブなどに金まわりはいいけれど人間的魅力がゼロな中年がいますが、本来大事なこれら3つの報酬を得られないまま年を重ねてしまったようです。


今はシニア世代の起業率が高まっています。

定年以降に自分の経験や知識を活かして、ゆるいスタイルでの起業が盛んになってきていますが、多くの人と関わってみると、起業するシニアの皆さんが心の中で求めているのは、この3つの報酬だということがよくわかります。

この目には見えない報酬を求めている人には、やがて目に見えるお金や評価という報酬も増えていくことでしょう。

34

「御用達」の精神で生きる

▼枯れる人＝この分野ならこの人！　という売りがない

50歳を過ぎて、心掛ける精神は「御用達《ごようたし》」です。

御用達とは、この会社、このお店、この人だからお願いする、と言われるようになること。当たり前ながら永続的に生き残る術はこれしかありません。

私が通う天ぷら屋が高輪にあります。

ここには天ぷら職人が数人いるのですが、ここの安藤さんという方の揚げる天ぷらの揚げ具合が最高に美味しいのです。

車海老やイカの半ナマ加減が絶妙で思わずうなってしまう仕事ぶりです。

天ぷらも結構値段が高いので、どうせ行くなら「安藤さんに」ということになり、必ず指名予約してから行くことになります。

ビックリしたことに私の友人も偶然、この安藤さんのファンで常連客でした。

恐らく安藤さんファンは他にもたくさんいることでしょう。

ことほどさように、「この人以外には頼まない」くらいのレベルや関係性を築くことが大切です。

ファンが伝道師になると伝説になります。


もう人生も後半戦になってくると、若い頃のようにバリバリと量をこなす仕事は難しくなってきます。

あとは経験と技量で、ひとつひとつ丁寧にお客様にいかに喜んでいただけるか、に集中することです。


商売同様、企業内でも、このことならあの人にお願いしよう、聞いてみようという存在価値になることです。

人材には、「人財、人在、人罪」の三種類があり、財《たから》になるのか、ただいるだけなのか、いるだけで災いになるのかでは大きな違いです。

若い頃と比べてジワリジワリと能力が落ちていくなか、自分の中の御用達はなにかを見極めて磨きましょう！

35

威厳だけでは人は動かないことを知る

▼枯れる人＝怖くて厳しいだけ

50代が育った時代は戦後の豊かな環境がベースではありましたが、「教育」にはいわゆる戦前の「刻苦勉励《こっくべんれい》」のような苦しみに打ち勝ち、常に力を抜かずに励んだ者しか勝ち残れない！　というイメージがあります。

その影響か、どうしても家族や部下に対して厳しく対応しなくてはいけないという思い込みが強い人が多いものです。

愛情からくる厳しさも時には必要ですが、常に相手には怖く、キツくあたらねばならないというのは勘違いです。

自分は管理職だからと、威厳を保つことにばかり意識を持ち、ポジションパワーを駆使して、恐怖を与えるマネジメントをしていると、本当の成果や成長を得られません。

また、ベテランリーダーだから万能であるべし、という気負いを捨てることも大切です。

管理職、指導者はなんでも知っている、出来るということはありえません。部下やメンバーの方がよりよいやり方や情報を持っている、と考えた方が気も楽になります。

なまじ意地を張って問題を先送りすることは大きな弊害を生むことになりかねません。

実はそこに50代からのリーダーシップのコツが潜んでいて、組織やメンバーが真の実力を発揮させるにはどんなスタイルがいいのかをよく学んだ方が、効率がいいものです。

自然体で、メンバーのいいところを探して、それを集めてくる作業がリーダーの重要な役割です。

威張らない、圧迫感を与えない、素直にみんなから学ぶ姿勢に親近感を覚えて知恵やアイデアを寄せる組織文化が生まれます。

厳しいよりも、面白い、明るい、温かいというスタイルに変化してみるチャンスも50代です。

愛嬌《あいきょう》のあるリーダー、魅力的です！

36 ファイティングスピリットを失わない

▼枯れる人＝肝心なところで闘わない

50代で実る人、枯れる人をどちらかと言えば「ゆるさのススメ」的に綴《つづ》っていますが、人間のモチベーションを飛躍的に高めるものは「成果を上げる」ことです。**勝負事に勝つことです。自分からポジティブになることです。**

それを否定して生きると、50代で世捨て人のようなタイプになってしまいます。

まだまだ若い精神と肉体を活かして、人生最高の成績をたたき出すことが50代のモチベーションを高める源です。

今こそ、花を咲かせ、実をならせる格好のステージになります。

もっともっと人前に出ていきましょう。

もっともっとガンガン働きましょう。
もっともっと遊びましょう。
もっともっと恋をしましょう。

「いっそもっと」というマインドも眠らせてはいけないのが50代です。

研修で内的動機づけとしてあげるのが以下の6つです。

①感謝をされたとき
②成長を実感できたとき
③人とのつながりを感じたとき
④目標を達成できたとき
⑤認められたとき
⑥今の自分でOKと感じたとき

貪欲《どんよく》に自分でモチベーションを高めることをお忘れなく！
いざという時に、ファイティングポーズを取れる50代がかっこいいです。

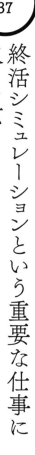

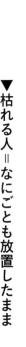

37 終活シミュレーションという重要な仕事に取り組む

▼枯れる人＝なにごとも放置したまま

50代以降の人生をシミュレーションしてみることも大事な仕事のひとつです。

狂歌に「今までは人のことだと思うたに　おれが死ぬとは　こいつはたまらん」とありますが、まさにその通りなのかも知れません。


まだまだ現役で元気な今のうちに最低限の手配はしておくべきです。


まずは、この時代ならではの複雑なデータ管理の問題です。

私の場合、預金をネット銀行に一部預けていますので、残された家族が困らないように口座、パスワードなどを教えておく必要があります。

その他、保険や年金、貸金庫などの情報も今までは自分本位で差配していましたが、そろそろ残される家族の立場で考えるようにした方がいいですね。

次に万が一の時に望む医療のスタイルを明確にして、家族や友人に伝えることも大事です。

どこの病院にお世話になりたいのか、どんな治療をどこまで希望するのか。延命治療もどの程度までお願いするのか。

ピンピンコロリ祈願神社が多いように、人はできれば健康寿命が長く、楽しく遊んでいる時や夜寝ている時に、気がつけばあの世に旅立てれば幸せこの上ないのでしょう。しかし、ほとんどの先輩が闘病して去りゆく姿を見ている立場上、シビアにならざるを得ません。

もうひとつ厄介な問題に墓のことがあります。

私のうちは一人娘なので、将来重荷にならないように配慮して、遠く二か所に分かれている墓をシンプルにする宿題が残っています。

今は葬儀、納骨もかなり多様化してきているのでこれまた自分の価値観に合った「かたち」を見つけておくことが重要な任務のひとつです。

やがて来る生老病死の現実を、他人事と無視ばかりはしていられないのが50代のツライところです。

避けるよりも楽しんで取り組みたいものです。

第6章◎生活を整える

38 スケジュールに“遊び”をつくる

▼枯れる人＝いつも予定が埋まっている

50代は最も脂ののった年頃で、あちらこちらの任務を果たさなければならないことが多いものです。

私の知人もスケジュール表が真っ黒で、超売れっ子です。

社会から必要とされるということは、実に自己重要感を高めてくれます。

私も講演や研修の依頼があった時に、脳の奥から「ピュー」と快楽ホルモンが湧いてくる感じがします。

しかし、50代で見極める必要があるのがスケジュールです。

予定がやみくもに埋まっている＝活躍しているという錯覚です。

実っている人はいつもどこか余裕があります。

例えば、この日にいい音楽会があるけど行きませんか？　などの貴重なお誘いがあった時、「ああ、いいですね。参ります」と応えられることも実りの重要な要素になります。

いつも「あ～、先約がありまして」を繰り返していたら、もう誘われないでしょうし、本当は行きたい自分自身が残念です。

スケジュール帳の30％くらいはいつも余白がある方が、次の新しい種をまく有益な活動に充てられます。

本当に怖いのは日々、駆けずり回っていたのに、ある時から一切、仕事がなくお呼びがかからない現実です。

アウトプットだけではなく、インプット重視のスケジュールに変換しましょう。

39

「反復とズレ」の原則を理解する

▼枯れる人＝失ってその時に気づく

約50年生きてきて色々な法則性を知るようになりました。
そのひとつに「反復とズレ」があります。

これはいつも当たり前のように繰り返される毎日事《まいにちごと》が、ある時を境にズレが生じて一気に終わりを迎えるということです。

日本映画の巨匠、小津安二郎《おづやすじろう》監督の作品のテーマによく取り扱われていました。
有名な『東京物語』の中でも尾道《おのみち》に住む年老いた両親が東京の子供たちを久しぶりに訪れる様子が描かれています。

ずっと元気が当たり前と思っていたお母さんが上京を境に体調を崩し、帰郷後あっという間に亡くなるシーンがあります。

これこそ反復とズレの象徴的な出来事で、家族にとっては、いて当たり前の母親が、ある日を境に二度と逢えない人となるということを教えてくれます。

つまりずっと反復していること、ズレが生じ始めていること、それに気づけるかどうかの問題です。

50代はそんな微差を感じられる感性が大切です。

世の中、形あるものはすべて壊れる、消える運命なのです。

必ず終わりが来るものです。

そんな深い洞察力を持ちたいものです。

40

毎日事に幸せを感じる

▼枯れる人＝地平線の向こうに幸せがあると信じている

あるとき、休日に家族で河口湖に富士山を眺める旅に出ました。湖のほとりのオープンテラスの席で妻と娘と愛犬と、美味しいランチを食べながらも、ふと頭の中で「帰り道、渋滞していないかな」「来週、決算書の確認をしないといけないな」と考えていました。

どんなに考えても私にとって、愛する家族とキレイな環境に包まれている以上に幸せなシチュエーションなんてないのに、どうして人の思考はどこか遠くへ飛んでしまうのでしょうか。

「今、ここ、自分」を味わえないとは、ホントにバカです。

まさにチルチルミチルの青い鳥症候群で、目の前のかわいいタンポポを愛でずに、遠く離れたフラワーパークの開花予想ばかり気にしている生き方です。

「しあわせとは 毎日事《まいにちごと》を普通にこなせること」

私の大事な友人で、人事コンサルタントの中野裕弓《なかのひろみ》さんのメッセージです。

毎日事とは……

朝、普通に目が覚めて、家族と「おはよう！」の挨拶を交わし、顔を洗い、仕事に出掛け、無事に仕事を終えて、自宅に帰り、冷えたビールを飲みながらＮＨＫニュースを観る。本を読み、そしてまた寝床へ向かう。

特別大きなドラマや賞賛が舞い込むわけではないけれど、当たり前に日常を繰り返せることです。

こうした毎日の中に、実は大きな幸せに包まれているということを、あらためて実感できるのも50代の特権だと思います。

無事な毎日、これに勝る素晴らしいことはありません。

「あ〜、幸せ〜」と毎日、寝る時につぶやいてみましょう。

41 その時々の季節を愛でる

▼枯れる人＝人生の妙味に気づかない

「モチベーション」

これは現代では重要なキーワードです。

生きる動機づけ、生きる意味、心のモーターをどう回すかを常に工夫していかないと心身ともにもたない時代になってきました。

昔は自然とともに生き、自然に従い、あまり悩まずとも自分の天命を生きられたのではないでしょうか。

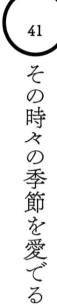

そこでもう一度、大切にしていきたいことに「歳時記《さいじき》」があります。

歳時記とは古来から、四季折々の季節の言葉と心を集約した、和歌や俳句などに使われる実践的な用語の集大成、いわば日本人の季節のバイブルです。

人生には嬉しいこともありますが、悲しいこと、悔しい思いをすることもたくさんあります。

気持ちが乗らない日だって山ほどあります。

しかしそんな中でも、日本人は美しい四季とともに生きています。

風の音、光の具合、緑の匂《にお》いなどで季節のうつろいを感じて、日々心あらたに希望を見出すところに人生の妙味があります。

私の心には、父の葬儀を終えた翌日、仕事に行く真冬の朝、「父はもうこの世にはいないんだ」という寂寥《せきりょう》感の中、突き抜けるような青空と冬木立《ふゆこだち》を見上げて「きっと桜が咲くあたたかい春が来る……」という小さい希望を胸に駅までの道を歩んだ記憶が今でも鮮明に浮かびます。

日本人は特に季節の変化に癒されるものです。

私の好きな書家の紫舟《ししゅう》さんの詩をご紹介します。

春が優しくて日々に喜び有り
夏はまぶしくて日々に楽しみ有り
秋は香り高く日々に感動有り
冬は空を仰ぎ日々に幸有り
あたたかな太陽が心を解かし
光輝く月は未来を照らす

——紫舟

めぐる季節を味わい、今を生き切る精神を取り戻すことに救いがあるものです。

まさに「前後際断《ぜんごさいだん》」といって過去、未来を断ち切って、「一日一生」今日一日の中に一生がある気持ちで生きることが50代活性化のポイントです。

歳時記を手にとり、今日はどんな日かを味わい、二度とない今日を生き切ってみましょう。

42

長持ちしている人の流儀に学ぶ

▼枯れる人＝あてにならない長期計画に酔う

「遠くを見ない、明日だけ見つめる」

これは歌舞伎役者の坂東玉三郎《ばんどうたまさぶろう》さんの言葉です。

長年、芸を磨き、大役を演じ続ける玉三郎さんならではの珠玉のメッセージです。

いつも明日の舞台で精一杯なのでしょうね。

仕事をしているとどうしても中期計画、長期展望を求められて、その答えを考え続ける作業に追われます。

あまりにもヘビーなことを請け負っている人はその重圧に耐えきれなくなってくる

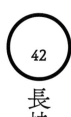

ことでしょう。そのうちに中長期計画を立てただけで、その通りの未来がやってくると安心してしまうことも危険です。

遠くまで歩いていくには、先の先の心配をしていたら前に進むこともできません。

逆に遠くを憂えない人が、かえって長持ちしてしまうというケースをたくさん見てきました。

とりあえずは明日の準備だけを怠《おこた》らない。

そして気持ちの良い朝を迎える。そのシンプルなルーティンの繰り返しが重要です。

明日の準備が整っていると、ゆっくりとした所作がうまれます。ゆっくりとしたリズムが自律神経も整え、気がつけば遠くまで歩いて行ける体質に変えていきます。

先がどうなるかわからないけれど、まずは明日がいい一日になるように！

そう思うと気が楽になってきませんか。

生産性、効率性を求めすぎないことです。

43 人生は周回遅れでもなんとかなる

▼枯れる人＝焦ってレースをあきらめてしまう

50代にもなると、自分が人よりかなり置いて行かれていると感じる局面が増えてきます。

あの人と自分では評価がこんなにも違うのか。収入もかなり違う。住んでいるところもこれほど違う……。

いわゆる周回遅れ《しゅうかいおく》れの状態です。

焦る気持ちもわかります。

そんな思いにとらわれた時は、深呼吸をしながら、アメリカの神学者ニーバーが作ったとされる「ニーバーの祈り」の言葉をたどってみましょう。

「神よ、変えることの出来ない事柄については、
それをそのまま受け入れる平静さを、
変えることの出来る事柄については、それを変える勇気を、
そして、この二つの違いを見定める叡智を、私にお与えください」

私達はつい自分で変えられることを放置して、実際は変えられない社会システムや他人の評価に絶望して人生レースを降りてしまいます。

そろそろ自分の力で変えられるものと、変えられないものの区別ができる大人になりたいものです。

面白いことに、長〜い目で見ると、学歴がスゴイ人、大手企業にいる人、デカイ家に住んでいる人、すごく本が売れた人、巨万の富を得ている人、それぞれ80歳くらいの最終的な着地点にそう大きな差はないようです。

私が仕事をご一緒した著名な講師も、晩年はみんな「チョボチョボ（失礼）」という印象です。

焦らず、威張らず、腐らず、一歩一歩、前進していきましょう。

44 サボリ名人になる

▼枯れる人＝サボリ下手

花が咲き、実をならせるコツはふたつです。
つまり「コツ・コツ」なのです。

「こつこつ　こつこつ　書いてゆこう　こつこつ　こつこつ　歩いてゆこう　こつこつ　こつこつ　掘ってゆこう」——詩人　坂村真民《さかむらしんみん》

若い頃の微差はやがて大きな差となって成果が変わってきます。
勉強にまさるスキルはないとも言えますが、中年を過ぎてきたらある意味「サボり」を覚えるのも大事な人生のコツです。

ちょっとしたすきに、休憩したり、昼寝をしたり、本を読んだり、コーヒーを飲んだりして一服する習慣は素敵なものです。

昔からのクセで、つい親や上司から怒られそうな気がしてしまいますが、そんな強迫観念ともオサラバです。

私の父は、若い頃は会社経営に追われて、ほぼ365日働きづめでした。

還暦を過ぎた頃によくソファに寝転がっては、「寝るより楽はなかりけり、浮世のバカは起きて働く」と笑いながら言っていました。

私は30代の頃から、ちょっと時間が空くと「足裏マッサージ」や「図書館」などで一息入れる習慣がありました。

通常の就業規則からしたら問題児なのでしょうが、幸い自営業だったもので、一日を充実させる「積極的なサボり」だったのです。

私は仕事柄、企業研修を多くしますが、その合間に会場周辺を散歩するのが大好きです。とある研修所周辺は桜、タンポポ、桃、紫陽花《あじさい》、ヒマワリ、紅葉と、どの季節に行ってても感動します。

休憩時間の散歩が楽しみで講義に行くようなものです。

50歳を超えたら、もうこそこそしないで「サボりの名人」を目指しましょう。

45

お金に困らないシステムをつくる

▼枯れる人＝退職後にお金が入ってくる流れがない

周りで経済的に実っている人を観察してみると、

①元々の資産家

②サラリーマンだけど企業で出世して高い報酬を得ている

③親からのビジネスを継承して、潰さず伸ばしている

④自分で起業して成功させている

⑤株式、為替《かわせ》などの運用で成果をあげている

こんな感じです。

お金がすべてではありませんが、やはりお金があるのとないのではメンタリティや

行動に差がでてきてしまいます。

邪魔にならないくらいのお金を携えて、人生の後半生に臨みたいものです。

まさに人生に必要なものはチャップリンの『ライムライト』での名言にあるように「勇気と想像力」と「ＳＯＭＥ　ＭＯＮＥＹ（少しのお金）」です。


そこで晩年まで収入を得られる方法を考えると、毎月、ある金額が途切れず入金されるシステムを持つことが大事です。

①不動産などの家賃
②投資信託や株取引などの投資によるリターン
③自分のスキルやネットワークを活用してビジネスを続けること

この３つが経済的に生活を枯れさせないパターンとなります。

とにかく細くとも長く、キャッシュが永続的にフローすることをイメージしましょ

う。

そうたやすいことではないこともわかります。

特にゼロから始める人はもうお手上げ状態かも知れません。

しかしながら50代ならまだまだチャレンジが可能で、「金の卵を産むニワトリ」を育てることに専心すべきです。

勇気と想像力を持って今から学び、その糸口をみつけ手を打ちましょう。

46 うまい話こそ乗らない

▼枯れる人＝虎の子を奪われる

本業の中で、大抜擢や大躍進の話というのはなかなかやってきませんが、面白いもので周期的に「怪しい儲け話」はやってきます。

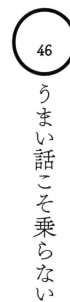

上場間違いない企業に出資しませんか。
今なら元本保証で年率10％の利子をお渡しできます。
お互い1000万円ずつ共同出資者になりませんか。——こんな感じです。

私も事業を始めた頃に「日本でも指折りの詐欺師」に出会いました。
当時、まだ出回っていなかった折り畳み式コンテナの特許を持っているという紳士から一緒に事業をやらないかと誘われました。

そして設計・製造をしている韓国まで招待されて、トントン拍子に出資するところまでいきました。

ところが持つべきものは慧眼《けいがん》の士で、ある知人が「それは怪しい！」とストップをかけてくれました。

途中で話を降りたので揉めましたが、なんとその男は日本でも指折りの詐欺師であることが判明したのです。

それ以来、免疫ができたつもりでいても、つい友情にほだされ、出資をしてあげて回収不能になったケースが3件はあります。


このように、人の資金を狙っている人たちはいるもので、50代でそんな落とし穴に落ちるとかなりダメージを受けてしまいます。

勇気を持って投資する場合もありますが、ヤマっけで乗る話のほとんどが要注意と疑ってかかって間違いありません。

そもそも、そんなにうまい話がゴロゴロ転がっているわけはなく、本当にうま味があれば当事者だけで儲けを享受しています。

――詐欺師が使う3つのテクニック――

①レベルの高いあなただけ特別にこの話を教えます（自尊心をくすぐる）
②実はAさんも大変興味を持っていてすぐに乗るそうです（競争心をあおる）
③この話は今日中に決めないと無効になります（思案する時間を奪う）

こんな初歩的なアプローチで百戦錬磨の人もコロリと落ちるのが詐欺の世界です。

とにかく、50歳過ぎての博打《ばくち》は身を滅ぼします。

第7章◎
希望を整える

47

「命」五段階活用法を心に刻む

▼枯れる人＝「命」とつながっていない

「人とホスピタリティ研究所」代表の高野登《たかののぼる》さんに教わった「命」五段階活用法というものがあります。

それは、

「宿命→運命→使命→天命→寿命」

というものです。

まず、宿命＝宿る命。

どの時代に生まれるのか。どこの国のどの親に生まれるのか。

そして男なのか女なのか。どんな身体を与えられるのか。

自分では選べないそのすべてを受け入れるところから始まります。


次に、運命＝運ばれる命。

大海の木の葉のように、運び運ばれる命を、ただ流されるだけでなく自分でマネジメントしてみる必要があります。

舟のオールは他人に任せず自分で漕ぐ！　ということです。


さらに、使命＝使う命。

この命をなにに使い切るか、果たすべき使命はなんなのか。

命をかけて取り組むことを真剣に考えます。


そして、天命＝天から授けられた命。

日々、命を使い尽くすことをしていると、やがて天が見届けてくれて、それが天命であったことに気づきます。

やってきたことは自分にとって無駄はなく、必然なことだったと、自分が納得できる人生になります。


最後に、寿命＝天が定めた命の時間。

宿命→運命→使命→天命に基づいて、励んできた人は、やがて天から寿《ことほ》がれて、寿命を全うして旅立っていきます。

これが、「命」五段階活用の壮大なフローチャートになります。

常にこの命は、なにに使い尽くすのか！　を問いかけながら生きていきたいものです。

「命」五段階活用を心に刻むと腹がすわります。

希望のモトは「命」につながることです。

48

リフレーミングで景色を変える

▼枯れる人＝思考、感情、言葉、行動をマネジメントできない

私が講演や研修の最後にお伝えしているのが「リフレーミング」です。

元々は心理療法などで活用されていますが、まさにフレームを再設定（リ・フレーム）するイメージです。

ものの見方や視点を変える重要なスキルです。

特に50歳を過ぎたら「リフレーミング」で平安な心を手にいれることをオススメします。

本来、我々が自分で変えられるものは思考、感情、言葉、行動の4つです。

ある出来事が起これば、思考が働き、湧き上がる感情に左右され、使う言葉が口か

ら飛び出し、それに伴った行動を起こすことになります。これを、認知を変え、意味づけを変えることで、思考と感情から整えてマネジメントするのです。

私自身も、先日こんなことがありました。

ある日、交通安全祈願で有名なお寺に参拝した帰り道のことです。自分の車を車庫に入れていると、普段はなにもない場所に誰かが看板を置いていて、気づかずに車をこすってしまったのです。

私の思考と感情は、

「なんてこと！　交通安全の祈願をしたのにすぐに車を傷つけるなんて……」

「誰がこんなところに看板を置いたんだ！」

と怒りの感情がわいて荒れ出します。

ところが、ここでリフレーミングを意識し、活用すると、

「交通安全祈願のお陰で最小限のトラブルで済んだのかもしれない」

「ここに看板を置いた人も悪気はないし、自分も不注意だったよ」

というように自分の心の中で整えられるのです。

「これで済んで良かった、良かった」と言葉にしてみると、夜になって風呂に入る頃にはすっかり忘れていました。

日々、こんなリフレーミングの繰り返しです。

また、リフレーミングは、人に希望を与えることもあります。

私が心から敬服しているある男性は、アメリカンフットボールの元選手で、慶應義塾大学理工学部を卒業後は社会人として活躍していました。

ところが25歳の時、脳腫瘍を発症。その後、治療して一度は完治し、しばらくは仕事を続けていたものの、27歳の冬の日、再発による痛みで転倒し、自分一人で救急車を呼んで入院しました。その日から半身不随《ふずい》となってしまいます。

しかし、そんな中でも彼は、

「失ったものより、今あるものを大切に」

「自分は眼も見える、手も動く」

と自分を励まし、また、年が明けた正月には、

「越えられない試練はない」

「今年を最も輝く年に！」と言っていたそうです。

彼は残念ながらその年の3月に家族に囲まれて亡くなりました。

しかし、常人ならば絶望に押しつぶされてしまう状況でも、一筋の光を見つめながら希望の中で強く生きたのです。

こんな素敵な青年が早世してしまった深い悲しみがこみあげてきます。人間はこんなに希望を見つけられる存在なのかと、ただただ畏敬《いけい》の念を覚えるのみです。


リフレーミングが世界の景色を変えます。


「人はみな心のほどの世を渡る」といいます。

すべての思考、感情、言葉、行動は自分が決める。


50代は日々リフレーミング三昧で実をならせましょう。

49

元気泥棒になる

▼枯れる人＝心の充電が苦手

だんだん飲み会やセミナーに出るのもおっくうになってくるものです。

できれば欠席したい、参加費もバカにならないし、面倒くさいという気分もわかります。

しかし、よく見ると元気、健康的、いいエネルギーを発している人がその中に一人や二人はいるものです（ただ賑《にぎ》やかで、ガンガン、イケイケの人ではありませんよ。落ち着いていているけどなにか温かい雰囲気を発している人です）。

そんな、「エナジーギバー」の人からまさに携帯電話の充電のように、見えないエネルギーを分けてもらいましょう。

私にも、会うと元気になる友人がいます。

いつも明るく前向きでいい影響を与えられます。

そして、色々なアイデアや面白い話を聞かせてくれて、会った後は、気がつけばなんとなく元気になっています。

この友人もさすがに落ち込んだり、悩んでいる時もあります。

この時はこの時で「ああ、こんな人でも行き詰まるんだ」となぜか勇気をもらえるから不思議です。


また個人に限らず、音楽のライブや、歌舞伎、落語、お芝居なんかからも元気のモトを浴びることが多いですね。

泥棒という表現はあまりよくないかもしれませんが、元気のモトをみつけたら迷わず、それに触れてチャージしてしまいましょう。

世界的デザイナーのコシノヒロコさんともお食事やカラオケをご一緒しますが、口ぐせの「これからやでぇ！」との言葉を聴くと勇気が湧いてきます。

とにかく、我々はエネルギー体なのです。波動の交換をしています。
エネルギーが枯渇した状態で生きていると、精神的にも肉体的にも病《や》んでしまいます。
植物が光合成をするように、光を見つけて、浴びて元気になりましょう。
明るいオーラに人・金・情報は集まるものです。

50

阿頼耶識（潜在意識）をフル稼働させる

▼枯れる人＝見えないエネルギーを信じない

私は20代の頃に仏教の教えをもとにギター説法をする禅師の無能唱元《むのうしょうげん》さんと出逢いました。

阿頼耶識《あらやしき》といって人の潜在意識に種子をまいておくと、やがて熟成されてその想いが現実化するという仏教の唯識学《ゆいしきがく》を教えてもらいました。

潜在意識の効用は成功哲学などの万巻の書があるのでお腹いっぱいの方もいるかも知れませんが、長年の研究からも宇宙の理法のひとつと言われています。

「思考はやがて現実化する」というものです。

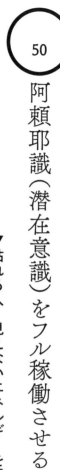

私は先日、卒寿（90歳）を迎える中学時代の恩師にお会いした時に「松尾君は将来、作家になりたいと進路指導の時に言っていたね」と言われてビックリしました。

当の本人はすっかり忘れていました。

今現在、たかだか数冊しか本は書いていませんが、日常生活ではメルマガも含めていつも文章を書いています。

妻に言わせると休みの日は「原稿を書かなきゃ」とよく口にしているそうです。

文章を書くことがライフワークになっています。

まさに作家のようです。

また、私にはもうひとつ目標がありました。

会社を自分の望む場所に構えることです。

それは大学生の頃。赤坂見附の交差点を渡りながら直感で「いつかここに自分の会社を持つ！」と強い衝動にかられました。

時が流れて約35年。赤坂見附にオフィスを構えて早20年が経ちます。

どちらも阿頼耶識が稼働して、思考が現実化した結果と思えます。

ただ、本来のイメージは印税で豊かな生活を送る作家であり、赤坂見附のオフィスももっと立派で広いものだったのですが……。

それでも「事実」だけをみたら願いが叶ったことになります。

阿頼耶識へ細部のインプットがあいまいだったのかも知れません（笑）。


特に潜在意識が熟成してきた50代は、この阿頼耶識を稼働させない手はありません。

あらためて本当に実現させたいイメージをありありと強く念じて、心に刻み込むことはとても有益なことです。

ただ長年の経験でわかったことは、強く念じても「行動」を起こさないことには種子が結実しないということです。

念じて必ず、動く！　この繰り返し。

想いと行動変容はいくつになっても大切です。

51

最高の利回り投資「自分づくり」をする

▼枯れる人＝学びに投資しない

1000万円を定期預金として大手銀行に預けても0・01％程度の利回りです。

投資、運用して本当に満足するリターンを得られるということは至難のワザと言えます。

では、一番あてになる投資は何なのか。

それは……自分自身に投資することです。

私はあるとき、ブータンツアーを企画しました。

このきっかけは仏教文化コミュニケーターの牧野《まきの》宗永《そうえい》さんと出逢った時に、直感で

「この人と一緒に旅に出よう！　そして一緒に仕事をしよう！」と思ったからです。

それから「牧野宗永さんと行く幸せの国ブータン」ツアーを企画手配して、友人知人に声を掛けました。

ブータンは入国制限をしていて、必ず現地ガイドを帯同させないといけないので比較的割高な料金になります。

ところが、このツアーに呼応して次々と参加表明が続き嬉しい悲鳴となりました。

そのメンバーは携帯電話の「iモード」の名づけ親であり、ウーマンオブザイヤーにも輝いた松永真理《まつながまり》さんなど多士済々の面々です。

やはり、いくつになっても自己投資を惜しまない人が、社会の第一線で活躍していく人なのだと痛感しました。

自己投資になにをすれば良いか、それを見極める審美眼も大事です。

DX、AI（人工知能）、健康、医療、文化伝統、歴史、作家、講師になるコンテンツ習得などありとあらゆるジャンルがありますが、自分を磨くホンモノとの出逢いがポイントです。人は求めるから出逢えるのです。

私自身、直感に従って求めた牧野宗永さんの哲学、思想、信仰の講義を繰り返し聴くことによって知識、見識、胆識《たんしき》が高まっている気がしています。

人生において「よく整えた自分こそ」が一番の寄る辺となります。花が咲き、実がなる土壌が大切です。

52

小さな元気を見つける習慣がある

▼枯れる人＝フリーズしている

小さな元気があれば生きていけると知ることが50代を楽にさせます。

人間学を34年間探求してきて、ひとつ処世術を答えなさいと問われたら「どんな時も、どんなところでも小さな希望を見つけられる能力を育むこと」と伝えます。

かのロシア文学の巨匠ドストエフスキーも、思想犯として死刑判決、その後シベリアへ流刑にされましたが、その獄中で「人は慣れる生き物である」と記しています。

つまりどんな絶望の淵においても、そこで生きるエネルギー、小さな希望を手にするということだと思います。

そんな過酷な世界には及びませんが、平和な日本に暮らす我々でも落ち込み、悩んだ時に小さな希望を見つける工夫は大事です。

幸い監獄にいるわけではない、自由な私たちが小さな元気を取り戻すのにオススメな習慣をいくつかご紹介します。

・カフェに一杯のコーヒーを飲みに行く
・評判の定食屋へサバ味噌定食を食べに行く
・近くの公園に散歩（ウォーキング）に行く
・野球場・サッカー場に贔屓《ひいき》チームを応援に行く
・センベロ（千円あればベロベロに酔える）エリアへもつ焼きを食べに行く

こんなささいなイベントが、枯れかけている心に水を与えてくれます。

小さな種をまき続ける人が、やがて人生の実りを手にする人です。
小さな行動変容の繰り返しが、自分再生につながっていきます。

とにかく50代はマメに動いて、心の灯台を見つけましょう！

53

「してあげる喜び」に目覚めている

▼枯れる人＝常にもらいたがる

される喜び、出来る喜び、してあげる喜び。

生まれた瞬間から、「される」生活が始まります。

母乳を飲ませてもらったり、オムツの世話から入浴と、大事にされっぱなしになります。

実は大きくなっても、人から「される喜び」は続きます。

ごはんを作ってもらったり、マッサージをしてもらったり、それは実に有難く気持ちのいいものです。

これも快楽のひとつですが、次に手にする喜びは「出来る喜び」です。立って、歩めることや、話したり歌ったり、やがて字が書けたり、計算が出来る喜びを味わいます。

自転車に乗れた感激、遠くまで泳げた感動など、人生の一大イベントでもあります。

そんな中、自分が「してあげる喜び」が、実は生きるエネルギーを最大化することに気づきます。

教えてあげる。助けてあげる。楽しませてあげる。許してあげる……。

たくさんの「してあげる喜び」がこの世には溢れているのです。

くじけて、しけっているときは「してもらえない」「なにも出来ない」という感覚に陥るでしょうが、なにかひとつでも「してあげられる」ことをみつけることです。

人間力を長年研究してきましたが、人間力とは人間的魅力とも言えます。

「人間の魅力は与えることによって生じて、求めることによって消える」ものなのです。その人からなにか与えられると「あ、この人は魅力的!」と感じます。

与えるものには、お金、愛情、チャンス、時間、安らぎ、話を聴いてあげることなど周りを探せば星の数ほどあります。

逆になにかを求められると「う、この人に魅力を感じない」となってしまうのです。

人間関係のポイントは実に明快です。

50代は「してあげるラッシュ」で参りましょう!

54

自分が咲かせる花を信じている

▼枯れる人＝自分の種を信じていない

人は生まれてきたからには花を咲かせて、実をならせたいものです。

実りある人生にしたいものです。

私も34年間、教育事業にいそしんできましたが、年々ハッキリと思うことがあります。

それは誰でも、いつか、必ず、その人なりの花が咲く！　という感覚です。

その花というのも、バラやヒマワリのような目立つ花じゃないかも知れませんが、野に咲くスミレやレンゲのような花も味わいが深いし、心を奪われることがあります。

花にはトゲや毒を持つものまでありますが、それも個性です。

人にも、咲く時期が早い人、遅い人、また長く咲く、瞬時に咲いて閉じるなどの違いはありますが、その人なりの花を必ず咲かせていることがわかります。

室町時代に能狂言を完成させた世阿弥《ぜあみ》の『風姿花伝《ふうしかでん》』にもありますが、その道を極めるには心に秘めること。それは志を持つこと。

そして日々の水やり、日を浴びる、風雪に耐えるなどの精進、工夫のみが「まことの花を咲かせる奥義」と教えてくれています。


ぜひ、ご安心ください。

私たちは生きているだけで花を咲かせ、実を結ぶ生命活動を行っているのです。

枯れること、散ることを恐れずにアンチエージングではなくウエルカムエージングの気概を持って、これからまだまだ長いこの人生を謳歌《おうか》しないことには神様にも申し訳ありません。

なによりも、この自分という唯一無二の花に出逢えた感動と感謝を大切に生きていきたいものです。

55

「ささやかだけど盛大な人生」を愛している

▼枯れる人＝自分の人生を愛せない

私が兄のように慕う人が奥様（享年66歳）を亡くしました。

約2年に及ぶ闘病生活の末に息を引き取ったそうです。

亡くなる直前に旦那が奥様に「今までの人生でなにが楽しかった？」と聞いたら、「全部……」との答えが返ってきました。

その時、旦那は生まれて初めて涙が前に飛ぶということを知ったそうです。

私もこの話を聞きながらもらい泣きをしましたが、人生ってささやかな様で実に盛大である！　と心に大きく響くものがありました。

素晴らしきかな人生！　です。

不思議な感覚かも知れませんが、自分が魂になったイメージで今を頑張る自分に話しかけてみてください。

私なら、まずは「あなたは私のかけがえのない存在だよ。私にはあなたしかいないよ」って語ります。

たくさんの思い出があるね。
いろんなところに行ったし、いろんなことを一緒に体験したね。

よく笑ったし、よく泣いたもんだ。
本当にありがとう。ありがとう。

もし生まれ変わっても、またあなたに逢いたいよ。
また一緒に生きようね。

こんな自分との対話がありありと思い浮かびます。

自分で自分が愛おしくて仕方ない気持ちになります。

江戸時代の平均寿命から考えると、50歳なら長生きの部類かも知れません。

あの昭和の大スター、石原裕次郎《いしはらゆうじろう》さんも美空《みそら》ひばりさんも奇しくも52歳でこの世を去っています。

生老病死は怖く、つらいものですが、そういう意味ではここまで生きてきたのだから、かなり「生」を味わってきたものです。

本当によく頑張っている自分がいます。

それぞれの生き様は、きっと必ずこの宇宙に刻まれていると思います。

誰の人生も「ささやかだけど盛大な人生」なのです。

おわりによせて

最後までお読みいただきありがとうございました。

人生、50年も生きてきたら、嬉しいこと、悲しいこと、淋しいこと、つらいことをたくさん体験するものです。

本当に混沌《こんとん》とした社会を生きています。

戦争を知らない世代である我々は、まさかこんな激動の中を泳がされるとは思っていませんでした。

大事にする順番はまずはいのち、次に生活、そして経済。

人は昔から前を向き、小さな希望をみつけ、これがダメならこうしてみよう！　ともがき、人生や時代をつくってきました。

これはＡＩの時代になっても変わりません。

私自身、たわわに実った50代を手にしたわけではありませんが、求め続けた人生の醍醐味は味わってきました。
この喜びや原理原則を有縁の方々にお伝えしていけたら本望です。

やり直しはきかないけど、生き直しはできるよ……
これからその人なりのゴールデンエイジがきっと来るよ
大切なものを大切にして、もういらないものは手放して。

世界と人間の本質はやはり素晴らしい！
それを信頼して今日も笑顔で愉快にいきましょう。

最後に今回の出版を実現してくださった干場弓子さん、ディスカヴァー・トゥエンティワンの藤田浩芳さんには深く感謝申し上げます。

２０２１年11月　錦に染まる紅葉のもと

松尾一也

●参考文献

田坂広志さん『仕事の報酬とは何か』（ＰＨＰ研究所）
大津秀一さん『死ぬときに後悔すること25』（新潮文庫）
榎本英剛さん『本当の仕事』（日本能率協会マネジメントセンター）
佐藤伝さん『夢をかなえる成功習慣』（ＰＨＰ研究所）
坂村真民さん『詩集　念ずれば花ひらく』（サンマーク出版）

●参考講演会

上甲晃さん
本田健さん
高野登さん
本間正人さん
鍵山秀三郎さん
中野裕弓さん
ロバート・ウォールディンガーさん

本書は２０１７年に海竜社から発行された『50代から実る人、枯れる人』に加筆のうえ再編集したものです。

購入者限定特典

著者の講演動画
「生きがい・働きがいの人間学」
をご覧いただけます。
下のQRコードあるいはURLから
お入りください。

https://d21.co.jp/special/from50s/

ユーザ名
discover2810

パスワード
from50s

ディスカヴァー携書 232

50代から実る人、枯れる人

発行日 2021年12月25日 第1刷
2022年 5月15日 第4刷

Author 松尾一也

Illustrator 右近 茜
Book Designer 石間 淳

Publication 株式会社ディスカヴァー・トゥエンティワン
〒102-0093 東京都千代田区平河町2-16-1 平河町森タワー11F
TEL 03-3237-8321（代表） 03-3237-8345（営業）
FAX 03-3237-8323
https://d21.co.jp/

Publisher 谷口奈緒美
Editor 藤田浩芳

Store Sales Company
安永智洋 榊原僚 佐藤昌幸 古矢薫 青木翔平 井筒浩 小田木もも
越智佳南子 小山怜那 川本寛子 佐藤淳基 佐々木玲奈 志摩晃司 副島杏南
高橋雛乃 滝口景太郎 竹内大貴 辰巳佳衣 津野主揮 野村美空 廣内悠理
松ノ下直輝 宮田有利子 山中麻吏 藤井多穂子 井澤徳子 石橋佐知子
伊藤香 葛目美枝子 鈴木洋子 町田加奈子

EPublishing Company
小田孝文 飯田智樹 川島理 中島俊平 青木涼馬 磯部隆 大崎双葉
越野志絵良 庄司知世 中西花 西川なつか 野﨑竜海 野中保奈美 三角真穂
八木眸 高原未来子 中澤泰宏 森遊机 伊藤由美 蛯原華恵 俵敬子
畑野衣見

Product Company
大山聡子 藤田浩芳 大竹朝子 小関勝則 千葉正幸 原典宏 伊東佑真
榎本明日香 太田原恵美 岡本雄太郎 倉田華 志摩麻衣 舘瑞恵 橋本莉奈
牧野類 三谷祐一 元木優子 安永姫菜 渡辺基志 小石亜季

Business Solution Company
蛯原昇 早水真吾 野村美紀 林秀樹 南健一 村尾純司 藤井かおり

Corporate Design Group
塩川和真 森谷真一 大星多聞 堀部直人 井上竜之介 王廳 奥田千晶
工藤奈津子 斎藤悠人 佐藤サラ圭 杉田彰子 田中亜紀 田山礼真 福永友紀
山田諭志 池田望 石光まゆ子 齋藤朋子 福田章平 丸山香織 宮崎陽子
阿知波淳平 遠藤文香 王玮祎 小田日和 加藤沙葵 河北美汐 吉川由莉
菊地美恵 小林雅治 鈴木あさひ 高田彩菜 瀧山響子 田中真悠 玉井里奈
鶴岡蒼也 道玄萌 富永啓 永田健太 峯岸美有

DTP アーティザンカンパニー株式会社
Printing 共同印刷株式会社

本書へのご意見ご感想は下記からご送信いただけます。
https://d21.co.jp/inquiry/

ISBN978-4-7993-2810-1

携書ロゴ：長坂勇司
携書フォーマット：石間 淳